ESPIRITUALIDAD Y PSICOLOGÍA

ESPIRITUALIDAD Y PSICOLOGÍA

FUENTE DE LA MADUREZ HUMANA

Edy Enrique Cruz Moreno

ESPIRITUALIDAD Y PSICOLOGÍA
FUENTE DE LA MADUREZ HUMANA

iUniverse books may be ordered through booksellers or by contacting:

iUniverse
1663 Liberty Drive
Bloomington, IN 47403
www.iuniverse.com
1-800-Authors (1-800-288-4677)

Because of the dynamic nature of the Internet, any web addresses or links contained in this book may have changed since publication and may no longer be valid. The views expressed in this work are solely those of the author and do not necessarily reflect the views of the publisher, and the publisher hereby disclaims any responsibility for them.

Any people depicted in stock imagery provided by Thinkstock are models, and such images are being used for illustrative purposes only. Certain stock imagery © Thinkstock.

ISBN: 978-1-4917-4086-6 (sc)
ISBN: 978-1-4917-4085-9 (e)

Library of Congress Control Number: 2014914777

Printed in the United States of America.

iUniverse rev. date: 11/24/2014

ÍNDICE

TERCERA PARTE
EL DESARROLLO ESPIRITUAL Y SU COMPARACIÓN CON LAS ETAPAS PSICOSOCIALES PARA FINES DE MAYOR ENTENDIMIENTO DE LA MADUREZ INTEGRAL

AGRADECIMIENTO

Cuanto tardé en encontrarte, cuanto demoré en buscarte, cuanto
creí que no estabas cerca, cuanto pensé que no me mirabas.
Tarde me crucé, tarde accedí a llegar.
Pero tú, tú nunca llegas tarde, siempre
fuiste, siempre eres, siempre serás.
El amor que me tenías y el amor que te tengo siempre fue nuestro.
Tú eres para mí y yo nací y existo para ti.
Siempre es nuestro.
No tardare más, hoy ya llegue, hoy ya estoy aquí.
Siempre será nuestro.
Mi vida te entrego, tuyo soy y ya nada tengo, tú
eres mi vida; dispuesto estoy a pagar mi retraso,
aunque nada tengo pues todo te di.
Tú eres mi vida... Mi vida.
Hare tu voluntad.

Al Dios que está en ti,
A ti que estás en Dios.

PRÓLOGO

"La psicología iniciará explicando: Y la mente, y los pensamientos,
y los sentimientos, y las emociones, pero ¿y Dios? Dios
parece muchas veces no entrar en la psique del hombre, o
el hombre parece inventar en su psique a Dios. Cierto o no,
es fe. Pero creerle a Dios da frutos, frutos de verdad."

Soy solo un niño pudo decir Santo Domingo Sabio, soy solo un muchacho
dijo Jeremías, soy solo un joven divertido pudo decir San Francisco de
Asís, ya es tarde en mi vocación sería Santa Teresa de Ávila, ya estoy viejo
hubiera dicho en los últimos años San Juan Pablo II. Tantos ejemplos de
vida, en diversas edades y épocas. Ejemplos de santidad, de madurez, de
felicidad personal y de relación madura con el Otro y los otros. Estos son
los frutos de creerle a Dios, frutos que no estaban pero se desarrollaron en
la relación con alguien en común. En la relación con Él.

El conocimiento profesional me ayudo a enlazar los frutos humanos,
constantemente presentes en aquellas personas cercanas a Dios, con el
desarrollo espiritual. La práctica en el campo psicológico sostenido siempre
por la constante ayuda de Dios, como dador y sustituto de amores tan
necesarios para el desarrollo humano, también fortalecen este enlace. La
observación de muchos procesos de conocimiento y práctica de la oración
personal, con el único fin de mejorar y profundizar la relación con Dios,

donde no sólo se ha logrado el objetivo principal, sino que además, el proceso ha desarrollado a la persona para ser mejor en sus diversos apostolados y roles de vida, son latentes realidades que apoyan está aportación.

Como estudiante de psicología, inició la inquietud de explicar cómo la ciencia de la conducta y los pensamientos humanos, no se peleaba con la experiencia de Dios, aunque muchos teóricos, maestros y compañeros tuvieran fundamentos contrarios y fuertes. Pero fue solo el madurar la idea primera, que me llevó a comprender que no era la explicación lo importante, sino la firme decisión de optar por la verdad en Dios y que la ciencia sirviera para entender, avanzar y conocer más el Misterio que nunca podrá ser contenido en una sola ciencia. Esta decisión ha servido para formular un proceso de ayuda psicológica, que se basa en obtener del conocimiento profesional el conocimiento de la persona, para con ello enlazar el conocimiento experiencial de un Dios de amor a las necesidades personales encontradas. Y así, sin perder de vista y más aun incluyendo las demás áreas pertenecientes del ser humano (biológica-corporal y social) ayudar por la experiencia de amor en Dios a satisfacer las necesidades.

Pero no solo sirvió para formular un proceso de ayuda psicológica, sino que la observación de los frutos obtenidos en las consultorías dadas, más el trabajo pastoral en el grupo de oración personal (Asociación de fieles laicos del Padre Pedro José de la Cloriviere) dejo más en claro como a mayor profundidad y madurez espiritual, mayor madurez humana se obtenía. Por lo tanto el siguiente paso fue aclarar cuál era el camino que más propiciaba este desarrollo espiritual y una vez encontrado, compararlo con un proceso psicosocial (por ser relacional porque la espiritualidad es relación del hombre con Dios) para presentar la correspondencia constante de: a mayor profundidad en la relación con Dios, mayores frutos de desarrollo humano integral.

No para presentar una teoría psicológica, no para enseñar oraciones, no para definir una única perspectiva espiritual y/o psicológica, sino para exponer con las bases espirituales y las etapas psicosociales, el cómo la espiritualidad y la psicología se unen para ser fuente de la madurez humana, donde Dios y su relación con Él, es la base de este desarrollo humano integral. Este es en resumen el cómo y el por qué surgió el libro, así que apreciado lector te invito a tomar la firme decisión de optar por la verdad en Dios, y de esta forma las paginas siguientes sean una herramienta, una explicación, una concientización y/o una aportación según fuere el caso personal en el que te encuentres (creyente en general, estudiante o especialista de la salud mental, director espiritual o encargado de alguna pastoral), de la relación interpersonal con Dios, sus frutos, sus avances y su profundización.

El autor

PRIMERA PARTE

EL PRESENTE PSICOLÓGICO DE LA VIVENCIA CON DIOS Y LA NECESIDAD DE UNA EXPERIENCIA INTEGRAL

LA NECESIDAD ACTUAL DE UN VERDADERO CONOCIMIENTO DE DIOS

"Dios está más dentro de ti que tú mismo". Que gran verdad, que gran misterio, que gran necesidad de adentrarse a uno mismo, encontrarse y encontrarlo, conocerse y conocerlo.

Cuando se habla de conocimiento de Dios, no se refiere aquí de *un conocimiento intelectual sino a una experiencia transformante, a un conocimiento vivencial más allá de la razón* (Ma Isabel Rodríguez, 2011). Conocimiento experiencial y relacional que unifique sin dejar de ser seres individuales, ya que el causante de dicho conocimiento no es el intelecto sino el amor, y el amor nos transforma en el objeto conocido.

De manera general en nuestro presente ¿Cómo se da ese conocimiento de Dios?

La experiencia de Dios en las personas suele quedarse mínima y no logra abarcar la conversión concreta, es decir, que desarrolle la plenitud de sus potencias para lograr con ello el rostro de lo que significa ser cristiano o creyente: seguidor e imagen del hijo de Dios, o de Dios dependiendo la fe que se profese. En la mejor situación, el hacer se apodera de los hermanos y se convierte en una fe de obras, que deja ver las conciencias de la siguiente manera: amar y seguir a Dios es sólo servirle (se refiere a un trabajo o acto compulsivo a nivel psicológico para ganarse el amor y romper la soledad (Fromm E., 2002)). En otros escenarios se toma el lado contrario, no tener que hacer nada, pues Dios ya me ama (recibir sin amar, conocimiento falso ya que la única forma de alcanzar el conocimiento total consiste en el acto de amar (Fromm E., 1982)). Ninguna de las dos posturas es completamente falsa, pero tampoco son completamente idóneas para el desarrollo humano y espiritual.

Es cierto que el servicio como acto creador es una muestra de la entrega y el seguimiento de Dios, y que hay razón en decir que el amor de Dios por su creación no es meritorio y por lo cual no hay necesidad de ganárselo. Pero ¿Qué revelan estas posturas? Un infantil conocimiento de la persona de Dios. Descubren a un Dios que se carga en lo paternal (amor normativo que con su fuerza y seguridad lleva a querer realizar actos o parecerse más a ese amor, porque mientras más se le parece a él más agradable le soy, más comunión hay con él), por lo cual hay necesidad ganarse su amor con los actos. Por tal razón mientras más se trabaja, cuanta más devoción se muestra, cuanto más se asiste a los eventos religiosos, la persona percibe mejoría y se siente más agradable a Dios. O al lado contrario, en un amor solo maternal (amor incondicional, que sin importar lo que se realice, si se está bien o no, el amor siempre estará) donde no se tiene que hacer nada y por tal motivo no hay interés en la mejora del seguimiento de Dios, ni en las conductas, ni en las obras.

Se indica como postura infantil el hecho de recargarse solo hacia un lado de estos amores, porque la relación con Dios es una relación interpersonal, tal cual se puede dar con todo ser humano maduro y deseoso de crear un amor, una amistad o una relación; solamente que en Dios se encuentra la plenitud, el ser completo, por lo tanto su relación es madura y plena. Y en Dios, al igual que en una persona madura, como características de la estructura interna de la madurez, se encuentran unidos estos dos tipos de amores: el maternal y el paternal. Es un ser que ama sin condiciones, pero que aun así, quiere lo mejor para lo que ama.

No exige hacer algo para ganarse su amor, porque lo otorga como regalo, por esta capacidad de darse e intimar que la madurez y la plenitud posee. Así que en la medida que uno se relaciona con Dios también se va madurando y logrando la plenitud con Él. Porque la persona, cuando entabla una relación interpersonal con éste Dios pleno y maduro, el mismo sentirse amado lo impulsa a la mejora del propio ser, naciendo la inquietud del ¿qué hacer? a través del amor que experimenta. Se emprende el conocimiento de las normas que llevan a madurar y crecer, para amar más a la altura de cómo se experimenta ser amado, y como en este caso es Dios quien nos expresa su amor por la relación personal con Él, amar más a su imagen, a su madurez y a su plenitud.

Cuando esta capacidad de relación que Dios tiene, entre la incondicionalidad del amor y la búsqueda de la madurez de quien ama, no se experimenta en la relación espiritual que se tiene con Él, hay un estancamiento en la forma de amar y recibir el amor. Reflejando en la vida religiosa lo que se experimenta internamente de manera espiritual. Los malos testimonios, el poco compromiso y el activismo son solo muestras de una carente experiencia de Dios, es decir, de una mediocre relación con Dios.

Se necesita conocer lo que la relación interpersonal con Dios produce en la persona y que es lo que genera en todos los niveles de la existencia humana, y más que conocer el proceso como conocimiento intelectual, es tener el conocimiento de Dios a manera experiencia y relacional que ya se mencionó, para poder entender que el verdadero sentido de ser cristiano o creer en Dios, está en sentirse amado como Él, para poder amar y servir como Él. Lo que en otras palabras podría expresarse como: alcanzar el desarrollo de las propias potencias en la relación con la persona de Dios (quien manifiesta su amor y se relaciona en la madurez), para poder ser capaz de compartir y relacionarse por medio de ellas.

A nivel más psicológico que pastoral, ahí está una visión actual del conocimiento experiencial que se tiene de Dios, y también un objetivo a seguir, para buscar conocerlo aún mejor y obtener esta transformación experiencial, de la cual tanta necesidad existe en nuestra actualidad.

¿POR QUÉ ES TAN IMPORTANTE EL DESARROLLO ESPIRITUAL Y PSICOLÓGICO?

Pensar que la vida espiritual solo significa asistir a un templo, estar integrado a un movimiento, convivir con personas de una iglesia o repetir textos o frases ya escritas, empobrece su verdadero sentido y profundidad. Estas visiones incompletas desvirtúan la participación del creyente en los entornos religiosos, olvidándose en el puro cumplimiento de estas actividades, de la parte espiritual y de su verdadera identidad que parte desde el cuerpo místico de Dios, es decir, olvidando la comunión con Él. Y el problema mayor no es la participación desvirtuada que se muestra, sino el poco crecimiento humano, psicológico y espiritual de los creyentes.

Personas que han pasado años formando parte de una iglesia, de una estructura o de una comunidad pero que su pasado les sigue trayendo sufrimientos espirituales y psicológicos, dejando notar sus deficiencias en el trato y la relación con los otros. Fieles que cargan con un Dios de castigos y de obras. Hombres que están en una constante discrepancia entre sus obras y su fe. Jóvenes y hombres modernos que sin experiencias espirituales reales y profundas no pueden creer en el gran misterio que es Dios. Son todos ejemplos de una necesidad real de algo mayor, de algo completo y de algo profundo.

De ahí lo importante que es una buena relación con Dios. Relación que no se detenga en la superficialidad y proporcione frutos de superación, de madurez, de realización; porque desde la niñez hasta la adolescencia la imagen de los padres, familiares, acompañado de las demás relaciones significativas forman la personalidad, y en más de una ocasión las malas o incompletas experiencias vividas en el pasado marcan el desarrollo humano, impidiendo una madurez en todas las dimensiones de la persona. Por lo que una relación con Dios que profundice en las etapas pasadas, permite superar las deficiencias psicológicas, afectivas y/o sociales de las etapas de crecimiento, para con Él enseñarse a ser maduros y cada vez más plenos en la edad y etapa que cada uno se encuentre. Superando las deficiencias pasadas, crecer en madurez y plenitud, se podrá en el presente relacionarse de ésta manera con los demás, consigo mismo y con Dios.

Por lo cual es significativo mostrar como una relación con Dios va en desarrollo continuo, abarcando cada vez más todas las potencias humanas, armonizando la vida en la constante mejora de la psique del individuo, progresando la forma de relacionarse con el mundo, con los hermanos y con el entorno que lo rodea, hasta poder ser imagen de Dios, llegar a su altura en la identidad de hijos de Él como creaturas hechas por amor, prosperando a semejanza suya en la madurez y plenitud.

Es necesario entonces, saber cuál es la relación que tiene el avance en el proceso espiritual con el crecimiento y desarrollo humano en sus áreas psicosociales. Por eso en las siguientes dos partes del libro, se puntualizaran primeramente los aspectos y los temas bases, que expliquen lo necesario para adentrarse enseguida al proceso espiritual y las etapas psicosociales del desarrollo humano, y así ver cuál es la interrelación que se da entre una y otra. Y entonces poder observar la aportación que la relación espiritual con Dios hace al crecimiento humano.

Además de conocer cómo la experiencia de Dios cada vez es más íntima, cada vez es más nueva y más profunda, y que nunca se estanca por lo que nunca aburre, porque infinito es el Misterio de Dios e infinitas las capacidades de las potencias del alma para descubrirlo (Cruz, 1997).

SEGUNDA PARTE

LAS BASES PARA EL DESARROLLO ESPIRITUAL Y PSICOLÓGICO

Hijo: – Papá, ¿existe Dios?
Papá – Si, hijo.
Hijo – Pero no lo veo papá.
Papá – Hijo, Dios es como el viento…

Para conocer algo más sobre lo invisible pero real, que es muchas veces la relación con Dios, se expondrán a continuación de manera general, temas necesarios para adentrarse al objetivo principal que es el recorrido del desarrollo espiritual y psicológico.

ESPIRITUALIDAD

De la vida espiritual se tienen muchos conceptos erróneos. Desde pensar que se es espiritual solo por la asistencia a un espacio religioso, solo por la integración a un movimiento, o solo por la convivencia con personas de una iglesia. Estas visiones hacen muchas veces que el sentido de pertenencia a una comunidad religiosa no sea el de compartir la experiencia de Dios y el de caminar juntos a su encuentro eterno. Tampoco puede existir una espiritualidad de la comunión entre hermanos fieles, sino no hay vida de comunión con el Dios por el cual se hermanan.

Aquí es donde se tiene que realizar un alto para hacer el énfasis necesario a la espiritualidad, porque no se puede hacer comunión con Dios que es espiritual, sino se camina por estas sendas espirituales. Por más que los creyentes sean formados en todas las áreas, sino hay una formación y crecimiento espiritual, se estará olvidando de la necesidad más importante: la necesidad del encuentro con Dios, la necesidad de trascender que impulsa el anhelo de relacionarse con el Creador, es decir, la parte espiritual.

La espiritualidad es un don del ser humano dado por Dios, que forma parte de su estructura integral, y le da la capacidad de interiorizarse para encontrarse, comunicarse y relacionarse con Él que es espiritual. Esa interiorización inicia el proceso de autoconocimiento en Dios, dado que somos imagen y semejanza de Él. No es contrario esta definición a la que la misma palabra refiere: vida en el espíritu. Solo que no se puede llegar a conocer la vida en el espíritu si no se inicia un proceso. En la respuesta de aceptar ese don de Dios, es decir, esa capacidad de relación interpersonal con Él, es donde inicia el proceso de la vida espiritual; la disposición a dar cabida a Dios en la propia vida y dejarse guiar por el Espíritu, es la muestra real de vida espiritual. Se dirá entonces que "la persona espiritual es la persona que se deja guiar por el Espíritu Santo, o sea, por Dios".

Al estudio de los caminos del Espíritu se le ha conocido por diversos nombres durante la historia, pero actualmente se le conoce como Espiritualidad o Teología Espiritual. Y se le define "como una parte de la teología, que estudia el dinamismo de la vida sobrenatural cristiana, con especial atención a su desarrollo perfectivo y a sus connotaciones psicológicas y metodológicas (IRABURU, 2012).

El hecho de que la Espiritualidad, estudie cómo el Espíritu Santo (Dios) actúa normalmente sobre el orante, ha permitido definir la existencia de una sola espiritualidad, que en sustancia es la misma y que corresponde al llamado a la unión completa en la intimidad con Dios, o dicho Cristianamente, **una sola Espiritualidad:** la de Jesús, como invitación a la santidad en la participación de la vida trinitaria, es decir, el mismo Dios que llama a relacionarse con Él. Pero también es cierto que hay **diferentes espiritualidades,** dado a los factores que se alternan de una persona a otra, como lo son: el sexo, la edad, el entorno social, la educación, historia, épocas y muchas variantes más.

Esto no impide que exista manera de explicar como Dios va transformando al hombre a medida que la relación espiritual con Él crece. Y que a pesar de que el proceso de crecimiento espiritual en cada persona es diferente, hay un proceso en común (una sola Espiritualidad) que la relación con Dios va desarrollando en cada uno, ese proceso va siendo más profundo y amoroso, dando los impulsos cada vez más fuertes a una entrega mucho más total, en un amor activo que crea y trasforma, un amor que conduce por el "proceso de individuación", proceso en el cual la persona corta los vínculos primarios que no le dejan emerger su individualidad (Fromm, 2002) recorriendo el camino de la libertad, desprendiéndose de los lazos del pasado y de los orígenes, para crear a un hombre, mejor dicho a un individuo que en libertad pueda unirse a quien ama. Lo que San Juan de la Cruz llamaría quitar todos los apegos, recorrer el camino de la perfección primero por la nada y luego llegar al todo, desnudar el alma para unirse al Amado o pasar la noche oscura, y otros maestros espirituales lo describirían como una transición de una etapa purgativa a una iluminativa. Y este proceso en común de la vida en el espíritu conduce a la profundización de la relación con Dios, relación de amor para poder amar a plenitud. Amar a como Él ha amado primero.

Se explica esto porque muchas veces, el saber de la existencia de propias espiritualidades, llega a convertirse en una excusa que detiene el crecimiento, aparentando ser libres y que así como se es, con el mínimo esfuerzo, así Dios actuará en la propia persona. Y aunque Dios si actúa en ese tipo de personas, no es posible un desarrollo pleno tanto psicológico como espiritual sin la firme decisión de quererlo. Los santos se hicieron santos por la firme decisión de dejarse guiar por el Espíritu. En toda relación interpersonal, para lograr su crecimiento, se requiere de una participación firme de quienes se relacionan. En este caso, por fe se cree que Dios se relaciona plenamente con el creyente, esto no significa que sin poner la parte que le corresponde a la persona, la relación será plena.

Tener espiritualidad, será signo de tener crecimiento en la relación con Dios; ser espiritual, es por lo tanto, recorrer los caminos de relación con aquel que me ama. Es ir desprendiéndose de los vínculos que atan a las cosas que impiden la libertad, para en libertad abrirse a la relación con el Otro que es Dios. La espiritualidad significa crecer para relacionarse mejor y a mayor profundidad con Él.

Como un hijo crece y reconoce mejor a su madre, así cada uno al crecer espiritualmente reconoce mejor a Dios en su interior. Porque cuando se es aún un bebé, a la madre se le ve por lo que da y hace, pero cuanto más desarrollo físico y psicológico hay, el niño ve a su madre por lo que es, un ser distinto a él, con sus propias características. Y no solo ocurre eso, cuando se es bebé la relación con la madre es de total dependencia psicológica, se es un solo individuo con ella, no se nota que la madre es otro ser, se ama y se aprecia lo que se es en la madre. Pero al crecer, el hijo nota que son distintos, ve que ella es ella, y ama lo que ella es. Solo al crecer se percibe la individualidad de la madre y se reconoce que se le ama o no, ya no se le necesita para ser uno mismo, pero se le ama por ser ella.

Con Dios pasa algo similar, cuando se es pequeño espiritualmente solo se depende de Él, y Él como madre toma y protege. Pero Dios deja crecer, enseña a caminar, y a veces se siente como si nos soltara. Solo si se continúa creciendo uno se puede dar cuenta de que en realidad es Otro, y al estar más desarrollado espiritualmente ser capaz de percibir lo que Dios es, sus características, su ser, su esencia. Creciendo espiritualmente crece la relación con Él, se empieza a notar que se ha crecido y que Él ha dejado crecer, que se es libre y capaz. Relación que se desarrolla para poder decir: estaba contigo porque te necesitaba, pero ahora estoy contigo porque te amo, amo lo que eres, lo que haces, lo que sientes. Te amo a ti, a ti Otro, a ti Dios. Como el Soneto a Cristo crucificado (UNAM, 1999) que inicia recitando que no es el cielo o el infierno lo que mueve a amarlo sino es Él mismo a quién se desea amar:

Muéveme, en fin, tu amor, y en tal manera, que aunque no hubiera
cielo, yo te amara, y aunque no hubiera infierno, te temiera.

Solo se puede amar lo que se conoce, lo que se experimenta. Y se podrá amar a mayor plenitud cuanto a mayor plenitud se relacione con el objeto amado, aunque sea por el medio espiritual (el medio más íntimo porque se realiza en esencia) como en el caso de Dios.

En fin, la espiritualidad será la puerta que dejará entrar al conocimiento de Dios. El camino por el cual el hombre se conocerá y se encontrará con Dios ya que esta relación espiritual con el Dios que es pleno, permite ver quién soy al saber quién es Él, camino que va a iniciar por la firmeza de querer recorrerlo.

Para ir caminando por el sendero del Espíritu se tiene que descubrir el camino que conduzca a la mejor relación con Dios. Ese camino será el de la vida contemplativa: la vida mística. El mismo que los santos alcanzaron, y en donde pudieron experimentar a Dios de ser a ser, de alma a alma. Camino que no es sencillo y que requiere de toda la disposición personal. ¿Pero qué relación no necesita de la disposición personal para crecer? Aún para la vida matrimonial, no basta con gustarse para poder casarse, se tiene que pasar por los caminos del enamoramiento y conocimiento mutuo para poder amarse. Incluso con Dios, este proceso de conocimiento mutuo tiene que darse, para poder amarle y sentir el amor que Él ya tiene para cada persona.

Así que la seria disposición de recorrer los senderos del espíritu será en cada uno el iniciar de la espiritualidad, que nos debe conducir a mejor relación con Dios, con uno mismo, con los otros. Sin olvidar que este camino nos tiene que llevar tarde o temprano a una profunda vida de oración.

La Oración

Escuchar la invitación a "orar", mueve fácilmente el pensamiento a los lugares o temas religiosos. Pareciera que cuando alguien es parte del entorno religioso, el término orar encaja con la persona y en sinónimo sabe orar y lo hace. Al contrario, el no pertenecer a estos ámbitos, sugiere el absoluto alejamiento a la palabra orar.

En las mentes de las personas religiosas por tradición, esta acción (orar) es solo equivalente a rezar, a pedir, a dar gracias y a leer oraciones escritas como lo dice en un sin fin de libros que piadosamente invitan a orar. Poca claridad existe sobre este tema, a pesar de que no hay ningún clérigo que no invite a sus laicos a este ejercicio tan sublime de la oración, afirmando que para fortalecerse y avanzar en el camino de la santidad es tan necesario, aún más, remarcando que es forzoso para vencer la tentación y las asechanzas del enemigo.

Para lograr el objetivo que este escrito dispone, es necesario definir cómo se puede tener esa relación interpersonal con Dios, que hará posible el desarrollo y madurez, tanto espiritual como humana. Por ello es importante la claridad sobre lo que es la oración. Aun antes de conocer los conceptos estrictos del tema, se concluye que la oración no es más que aquella acción que permite la comunicación con Dios, donde por fe se experimenta que esa otra persona, con quien se comunica que es Dios, existe y se comunica conmigo. Que Él con todo su ser se relaciona con todo mí ser, haciendo posible esta relación interpersonal de la cual se habla y que se define de la siguiente manera: interacción reciproca con otros, y en este caso con Dios, a través del compartir de mi persona con Él, y de SU PERSONA conmigo. La oración es la elevación del alma a Dios o la petición a Éste, de bienes conformes a su voluntad. La oración es siempre un don de Dios que sale al encuentro del hombre. La oración cristiana es relación personal y viva de los hijos de Dios con su Padre infinitamente bueno, con su Hijo Jesucristo y con el Espíritu Santo, que habita en sus corazones (Mexicano, 2006). Hay clasificaciones en tipos y grados que se utilizan para dar buen entendimiento al tema de la oración; se mencionará lo más común en el lenguaje técnico del tema y luego se explicará los términos de tipos, grados y formas de oración que este trabajo llevará.

En el lenguaje técnico la oración se clasifica como: apofática y catafática según la metodología que sigue en su forma, y en manera general sobre los grados puede ser: la oración verbal (vocal), la oración meditativa (la meditación) y la oración contemplativa (Mexicano, 2006). Los dos primero grados corresponden a la oración apofática y sólo el tercer grado entra en la oración catafática (Willigis Jager, 1982).

Para entender cómo se llevará esta pedagogía de interrelación del desarrollo espiritual con el desarrollo humano, se hablará de tipos, grados y formas de oración. La oración se divide en dos grandes tipos según el objetivo para la cual se realiza: la oración vocal o verbal y la oración mental o meditativa.

La oración vocal consiste en la recitación de fórmulas oracionales ya compuestas como salmos, Padre Nuestro, Aves María, Credo, horas litúrgicas y otras (IRABURU, 2012). Este tipo de oración es la que se hace al rezar, al leer libros de oraciones, y muchas veces es lo que se realiza en las lecturas espirituales. Es tan común este tipo de oración que en los entornos religiosos pareciera que rezar, como normalmente se conoce a la oración vocal, engloba todo lo que es la oración, pero no es así, para ello es forzoso tener claro lo que promueve y busca este tipo de oración. El objetivo de este tipo de oración es dar culto y reverencia a Dios, contribuye a la edificación de los fieles de manera comunitaria la mayoría de las veces, promoviendo la veneración y la religiosidad en forma de novenas, peticiones, oraciones comunitarias o de grupo, y demás practicas piadosas.

La oración mental se refiere a tratar amistosamente con Dios, y pensar con amor en él, en sus palabras y en sus obras. Es, pues, una oración activa y discursiva sumamente valiosa para entrar en intimidad con el Señor y para asimilar personalmente los grandes misterios de la fe (IRABURU, 2012). La oración mental, como su nombre lo dice, es la que se produce ya en el interior del hombre a través de sus facultades tanto mentales como de las potencias del alma. Ejercicio en el que el alma, desprendiéndose tanto cuanto le es posible de la esclavitud en que los sentidos la tienen con relación a los objetos que son de su incumbencia, se recoge dentro de sí misma y se sirve de todo el imperio que tiene sobre sus propias potencias para aplicarlas a los objetos sobrenaturales de la fe, a Dios mismo, y a todo lo que más le puede llevar a Dios (P. Pedro José de la Cloriviere, 1778). Se refiere por lo tanto a las oraciones que son en silencio y personales. El objetivo de este tipo de oración consiste en la perfección particular de cada fiel, en la perfección del alma, aumentando las fuerzas espirituales de una manera más directa. Por lo tanto es la oración que dará los avances más grandes en el camino de la santidad, dejando gravado cada vez más en forma de amor, el gran misterio de Dios. En el proceso de la oración mental, se conoce de forma experiencial lo que es Dios. Prepara la devoción y la entrega en el alma para la hora de participar en las oraciones vocales comunitarias que la iglesia propone como obligatorias, como la Santa Misa, ya que se asiste con el conocimiento experiencial del cual nace el amor a las cosas. Y en este caso del cual nace el amor a Dios.

En cuanto a los grados en la oración, se refiere al nivel de profundidad que la experiencia de Dios alcanza en la persona, o mejor dicho, cuánto acerca a Dios la propia experiencia. Difícil es pensar en medir tales profundidades, dado que la oración será una ciencia espiritual que no se puede medir o tocar como a los objetos tangibles, pero la experiencia que los hombres han tenido a lo largo de la historia, deja buena materia escrita sobre este tema, como ejemplo tenemos los grandes santos que dedicaron su vida a tan sublime acto que es la oración, dejando sus experiencias escritas y aún más, dejando sus enseñanzas sobre como el alma se encuentra cada vez a mayor profundidad con Dios.

Referente a las formas de oración, es la manera de cómo se realiza la oración, definiendo metodología y pedagogía. Aquí hay muchas, porque infinita es la forma de expresar el amor, y la oración es una expresión de amor entre el Creador y la creatura. Variadas formas de oración pueden existir tanto en los dos tipos de oración, como en los diferentes grados en que se clasifiquen. Es bueno aclarar que mientras más profundo sea el grado de oración, menos formas de oración se encontrarán, ya que la experiencia es más unificadora (de unión con Dios).

Reconocer qué es la verdadera oración y cuál es el objetivo de los tipos de oraciones que existen, ayudará a no perder tiempo en los adelantos espirituales, estancándose en un tipo de oración que no va con lo que se quiere alcanzar en determinado momento. Rezar (oración vocal) cuando se necesita rezar y orar (oración mental) cuando se necesita orar. Y una vez ubicados en el tipo de oración correcto para el seguimiento de Dios, poder dar pasos a mayores profundidades en la relación con Dios.

GRADOS DE LA ORACIÓN MENTAL

Correspondiente a la oración mental se hacen dos grandes clasificaciones según el grado de profundidad, que son la oración mental activa y la oración mental pasiva o contemplativa. Las cuales se diferencian del grado de influencia que el Espíritu Santo (Dios) tiene en cada uno de ellas, es decir, en la medida en que más se usan las potencias del alma mayormente actúa el orante en la oración y Dios opera menos en libertad sobre el orante, a eso se le dice que son oraciones activas. Y en la medida en que menos dependencia allá de las propias potencias en la oración y más sea la libertad del Espíritu Santo (Dios) para proceder, las oraciones serán cada vez más pasivas. Se manejará, en este escrito, un grado más para diferenciar a la etapa de transición que en el alma suscita al pasar de un grado activo a un grado pasivo, y se le citará como grado de oración afectiva según el libro de la oración del padre de Cloriviere (P. Pedro José de la Cloriviere, 1778). Es necesario aclarar que los grados de oración al igual que las etapas de desarrollo psicosocial no están divididas de una forma exacta, es decir, hay características que definen los grados y las etapas, pero estas características no llegan de una forma completa o de la misma manera en cada persona. Además correspondiente a los grados de oración, no se mantiene un alma en tal grado solo por sus méritos, sino que es una gracia que Dios da en la relación que se va produciendo con Él. Por eso se aclara que la espiritualidad es el movimiento del Espíritu en el ser, pero estas divisiones en grados de profundidad en la oración, permiten tener una idea clara de lo que le corresponde realizar a cada orante (compromiso), para obtener los avances en esta relación interpersonal con un Dios que nos ama.

Sobre la oración mental activa, se puede señalar que el crecimiento o la profundización en este grado de oración se darán por etapas. La oración mental activa se conoce con el nombre de meditación, y es porque se refiere a la oración catafática, dado que utiliza contenidos de la conciencia: imágenes, conceptos, ideas y conocimientos (Willigis Jager, 1982), como un medio para alcanzar el fin que es la relación más cercana con Dios, o dicho de otro modo, para conocer a Dios. Por lo que respecta entonces a la meditación, siempre se utiliza una base para entrar en ella. En la religión católica, es común utilizar los evangelios para penetrar en el conocimiento del hombre-Dios que es Jesús.

La meditación es el inicio del camino, porque enseña entre otras cosas a percibir con atención lo que sucede en el interior de los pensamientos, y al poner atención en la meditación se van descubriendo los conceptos e ideas que se tienen de Dios, pero al mismo tiempo, también se descubren los conceptos e ideas que se tiene de uno mismo y de lo que rodea, solo así se puede empezar a reconocer a la propia persona y a la persona de Dios. La meditación ira vaciando de distracciones y resistencias que naturalmente surgen en la confrontación psicológica y espiritual, dado que tales confrontaciones ponen en evidencia las verdades del ser (lo que se es), haciendo consciente los errores, y al hacer los conscientes inicia un movimiento al cambio (conversión). Todo cambio o crecimiento para bien, aunque es bueno y lleva a la identificación del yo haciéndonos más libres, siempre quita comodidad y placeres físicos, psicológicos y espirituales, sin embargo son necesarios porque dan pauta a convertirse en individuos. Al encontrarse como individuos libres, se puede ante Dios expandir el ser, amando y dejándose amar. Por lo tanto la meditación es el camino inicial que no se puede saltar para iniciar este proceso espiritual.

Hay un momento en el caminar espiritual, que hace diferencia entre estos dos grados principales de la oración. Es el grado de oración afectiva (P. Pedro José de la Cloriviere, 1778), la oración intermedia entre la meditación y la contemplación. La oración afectiva se distingue de la meditación en la medida que ya no son solo ideas, conceptos, emociones y razonamientos lo que se logra obtener de esta oración, sino que va más allá, hasta obtener sentimientos y afectos que nacen de manera propia. En el grado de la meditación se medita lo que Dios hace, dice, ama y actúa; en la oración afectiva nacen del interior afectos propios, pero semejantes a los de Dios.

Para hacer más claro este contraste se tiene que entender el término de afectividad; el cual se utiliza en psicología para designar a la susceptibilidad que experimenta la persona ante determinadas alteraciones que se producen en el mundo real o en su propio yo (Brett, 1963). Antonio Damasio neurobiólogo, expresa que la emoción y las reacciones relacionadas están vinculadas con el cuerpo, mientras que los sentimientos o afectos lo están con la mente (Damasio, 2005). Otros autores consideran que, mientras que la emoción es un proceso individual, el afecto es un proceso interactivo que involucra a dos o más personas. Si bien no existe una división estricta entre ambos conceptos, esta información ayuda a aclarar un poco más la diferencia que puede haber entre un tipo de oración y otra, ya que mientras una oración, que es la meditación, puede llegar a tener como frutos el surgimiento de emociones, que van más en relación a la sensibilidad de la persona hacia lo que medita (elementos puramente lógicos implícitos en el acto de pensar), la otra oración, que es la oración afectiva, da frutos de afectos y sentimientos que van en relación a la matriz emocional arraigada en la estructura del carácter, es decir, que nacen del interior como fruto de la relación personal con lo vivido en la oración. Para ejemplificar, hay un momento en cual un niño se acerca a su padre o a su madre y con un gesto espontáneo les dice que los ama, de esta imagen se puede experimentar una emoción de ternura por lo que el niño realizó, pero si el niño es mi hijo y se acerca de la misma forma espontánea a expresar que me ama, nacerá de mi un sentimiento de ternura desde mi centro de afectos. La ternura en esta situación puede tener una clara divergencia entre uno y otro escenario, y esa diferencia es la profundidad del cual nace la sensación o el sentimiento. En la lógica del pensamiento al ver al niño hacer lo que hizo, nace una sensación, pero si este niño es mi hijo, desde el fondo de los sentimientos nace un afecto de ternura que engloba toda la persona y la hace deslumbrar en todos los afectos al mismo tiempo.

La oración afectiva de igual forma ya no nace de pensamientos lógicos, sino que engloba toda la capacidad de afectos, permitiendo experimentar un sentimiento y afecto que nace de todo el ser y que surge deslumbrando toda la capacidad afectiva al mismo tiempo. Ya no es una emoción aislada y determinada solo por la situación y momento específico que se medita, se convierte en un afecto que nace del interior como fruto de todo el ser afectivo. Por lo que si se experimenta un afecto, se experimenta tanto por lo que se ama y por lo que no, por lo que gusta y disgusta, por lo que alegra o entristece. Si en la oración se experimenta un dolor por la crucifixión de Jesús, no se experimenta como una emoción aislada por el dolor que representa la escena, sino que se duele, por el amor que hay a la vida, por la esperanza que nace de la entrega del Dios al que se ama y nos ama, y de la fe que se tiene en Jesús, quién se da por mi propia persona.

Respecto a la oración contemplativa, es el único grado de oración que entra en tipo de oración apofática, ya que la experiencia no depende de la conciencia, sino de Dios que se manifiesta de forma más pura y perfecta con la persona en su alma (Willigis Jager, 1982). Aquí la oración no se da por ideas o conceptos, ni por sentimientos y afectos, la oración contemplativa se da en el interior del ser, donde el alma se encuentra con su creador. Oración donde no se ve, no se escucha, no se toca ni con los sentidos interiores de la imaginación. La comunicación con Dios se da en el alma, a través de un lenguaje espiritual que no se puede explicar, que es de ser a ser, y que deja una experiencia de amor infinito, a la medida del vacío interior, a la medida del Dios sempiterno. Es por medio de este grado de oración que se puede tener la experiencia de Dios a mayor profundidad y de la forma más perfecta, donde se consigue intimar con Él de la mejor manera.

Parece que estos grados de oración están reservados para los santos y consagrados, pero no es así, quien avanza en la relación con Dios seguramente tendrá la oportunidad de comunicarse con Él de la mejor manera posible, y esa mejor manera es la oración contemplativa. Al igual que la meditación, en ésta oración se va avanzando poco a poco, y aunque como grado de oración es el último, no tiene un límite, porque siempre la relación con Dios va caminando a mayores profundidades.

Antes de concluir este apartado de los grados de oración mental, es de suma importancia mencionar que en algunos momentos, las oraciones vocales penetran hasta algún grado de profundidad de las oraciones mentales ya explicadas, y esto puede llegar a darse por gracia de Dios, quien es el dador del don de la oración. Algunas veces para que estas experiencias reaviven el caminar espiritual o inviten a seguirlo, pero también hay otras ocasiones donde el alma se encuentra bien trabajada en las virtudes, pero por ignorancia intelectual y/o espiritual no conoce más sobre el camino de la vida mística que se da en las oraciones mentales. Estas últimas ocasiones son para aquellas personas que no les ha llegado la oportunidad de recibir mayor orientación sobres estos caminos, pero que su voluntad está puesta en el Dios que aman, y no para aquellas que por indisposición no han querido seguir los caminos de desarrollo espiritual manteniéndose por costumbre en solo las oraciones vocales.

Aunque cabe en lo posible que Dios regale experiencias profundas en las oraciones vocales, serán pocas en comparación a las que puede conceder en las oraciones mentales, donde la actitud y disposición son más dadas a éstas experiencias profundas. Sin olvidar que Dios realmente quiere relacionarse con cada uno de la mejor forma, que es plena, intima y profunda, y solo la disposición personal del orante es la que falta para entablar este tipo de relación. Hay que ubicar entonces, lo importante que es conocer sobre la oración mental y sus grados para avanzar en la relación personal con Dios.

Hay otra manera de orar que pudiera en momentos confundirse entre la oración vocal y mental. Es aquella oración en la cual se expresan emociones, sentimientos y pensamientos que hay en la persona, en esto no hay ningún inconveniente pues se diría que es una oración mental dado que se expresan cosas del interior, la duda está en el medio en el cual se expresa, porque se habla de las ocasiones donde se dice lo que se siente de forma vocal o escrita, y aunque no son oraciones establecidas son oraciones que resuenan por el lenguaje hablado y la escritura, por lo que podría confundirse y decirse que sería una oración vocal también.

Estas maneras de orar se usan comúnmente en las comunidades, en las oraciones espontaneas de asambleas, en las reuniones carismáticas, oraciones de intercesión, petición, de acción de gracias, alabanzas y demás intenciones, en forma de cartas para expresarle a Dios lo que se quiere, en los momentos de situaciones emocionales que solo se desea decirle a Dios las emociones, cuando inicia nuestra relación con Dios y solo se sabe orar así, hasta puede llegar al punto donde uno se comunica con Dios por códigos humanos y por la fe solo se le escucha al abrir la biblia u otros textos religiosos y leer algo de ahí (le pregunto algo a Dios y abro la biblia en ese instante para saber que me responde).

Estas maneras de orar al igual que las oraciones vocales pueden llegar a dar experiencias profundas de oración de los grados mentales, por las mismas razones dichas sobre la oración vocal. La intención de describir estas maneras de orar no es para ver cuál es mejor o no, o decir cuál es correcta o equivocada, ni para clasificarlas entre la oración mental o vocal, y tampoco en qué grado de oración se encuentran. La intención de hacerles mención es para advertir a los interesados en la profundización de la relación con Dios, que estas maneras de orar no sustituyen el camino espiritual que se desarrolla en las oraciones mentales, y que no proporcionan el crecimiento humano y espiritual del que aquí se hace énfasis.

Es cierto que Dios escucha, y muchas veces se perciben sus respuestas, pero cuando el interés está puesto en cultivar una relación interpersonal plena con Dios, hay que esforzarse para aprender hablar el lenguaje del alma, el lenguaje espiritual. Porque aunque una madre entiende que su bebé está feliz o agradable cuando sonríe, o triste o con hambre cuando llora, el bebé necesita crecer y aprender el lenguaje que la madre habla para poder entender lo que significa cuando su mamá le dice que lo ama; crecer y aprender a hablar el mismo lenguaje da la oportunidad de comunicarse en el mismo código y medio, para poder expresarse y entender en el mismo nivel. Quien sabe comunicarse, realmente desarrolla buenas relaciones.

La oración mental es el medio de comunicación que permitirá formar esa relación personal, profunda y real con Dios. Por estas razones es bueno saber que cada manera de orar nos alcanza un objetivo determinado, no está mal orar en un tipo específico, lo que sí está mal es engañarse justificándose en un tipo o forma de oración que no lleva al objetivo de una relación más profunda y verdadera con Dios, cuando mi meta es alcanzarla. Por lo que es necesario saber qué camino tomar cuando lo que se busca es una profunda vida espiritual. Y saber qué tipo de oración realizar, según el momento y necesidades correspondientes para que el alma crezca en esa intimidad con Dios.

ÁREA PSICOLÓGICA Y SOCIAL
DEL SER HUMANO

El ser humano tiene diversas capacidades que le permiten tener una actividad interior y una actividad exterior. En la dimensión interior estas capacidades son referentes a la vida espiritual y psicológica; mientras que las capacidades exteriores son las de relación con su entorno, pudiendo ser físicos y sociales. Para una vida sana se requiere que las personas busquen el equilibrio y bienestar en estas áreas de la vida. Ya que existe una interdependencia de cada una de estas partes, sin importar si son interiores o exteriores, cada área del ser ayuda o perjudica a la otra construyendo una integralidad.

Referente a la dimensión espiritual, se ha descrito de buena manera lo que abarca y procura para entender lo que significa, y no es más que la relación con Dios. Una relación que ayude a desarrollar las potencias humanas y a trascender. Sobre la dimensión física, se entiende que el cuidado de la salud, con buenos hábitos alimenticios, de higiene, descanso y de ejercicio físico podrán regular ese equilibrio en esta dimensión. Además se cuenta con mucho avance científico en esta área para determinar el modo de actuar en las diferentes situaciones de salud que se presenten.

Pero hablar de la dimensión psicológica del ser humano, es un poco más complejo dado a la invisibilidad de las formas que en ella se encuentran. Es difícil determinar el lugar donde se encuentran las emociones y los sentimientos, los pensamientos e ideales, por lo menos más difícil de identificar que las dolencias físicas. A diferencia de las enfermedades físicas, las cuestiones psicológicas muchas veces pueden reprimirse, olvidarse por un momento y pasarlas a segundos planos, claro que esto tiene sus consecuencias, las cuales no se percatan al cien por ciento porque se vive en una época de mucho movimiento, donde las cosas se miden por lo que producen y ganan; esto mantiene a las mentes ocupadas en lo que se produce físicamente, dejando poco tiempo para adentrarse en lo que sucede emocional e interiormente. La dimensión psicológica abarca los temas que la misma ciencia de la psicología engloba: conducta, percepción, cognición, memoria, personalidad, carácter y aún más porque su campo se trata de la conducta y de los procesos mentales de los individuos (Española, 2003). Sin embargo, hablar del asunto psicológico como una dimensión del ser humano para lograr un equilibrio de vida, permite enfocar esta dimensión a las cuestiones comunes para las personas, con el fin de lograr el mayor manejo posible de las situaciones que den el ansiado fruto de un crecimiento integral.

Por tal razón es necesario definir esta dimensión, como la parte del ser que se refiere a las cuestiones emocionales y afectivas, a las cuestiones del crecimiento psicológico para el desarrollo de la personalidad y del carácter, además de las experiencias que van cambiando y desarrollando a cada individuo. Las motivaciones de las conductas, las formas de pensar, la manera de relacionarse en todos los niveles, los deseos, y la historia de la vida irán determinando la personalidad y el carácter, por lo tanto también a los actos y disposiciones hacia la existencia. Esta dimensión busca entonces trabajar con todos estos aspectos internos de tipo psicológicos que mejoran o entorpecen el desarrollo humano y espiritual. Por lo tanto, siguiendo con el objetivo antes planteado, se enfocará en las cuestiones mentales del desarrollo del individuo, cuestiones que incluyen las percepciones de Dios, de uno mismo y del mundo.

La ultima dimensión y no menos importante para lograr el equilibrio entre todo lo que compone al ser humano, desde lo interior hasta lo exterior, es la dimensión social. Muchas posturas hay sobre la cuestión social del hombre, unas van desde decir que las relaciones son un medio para un fin (necesitamos de los otros, y lo que nos rodea para satisfacer nuestras necesidades), hasta que las relaciones con la sociedad y el entorno son el fin del hombre (todo lo que hacemos es motivado por la necesidad de formar parte de la sociedad) (Fromm, 2002). Pero lo cierto es que el individuo está en constante relación con otros, y mucho de su crecimiento en todas las dimensiones humanas se realiza a través de estas relaciones.

La dimensión social es la que depende de la calidad y bienestar de las relaciones, desde el núcleo familiar y relaciones íntimas, hasta relaciones externas como de compañerismo y trabajo. Es la que permite tener intimidad y relación para compartir, amar, dar y recibir todo lo que se necesita y se tiene; la calidad de ésta dimensión dependerá en gran medida de la capacidad para comunicarse de forma correcta y asertiva, y las mejores relaciones con el entorno serán las que ayuden a compartir las profundidades del ser, es decir, una meta comunicación. Aunque no en todos los lugares de la vida social sean para compartir íntimamente, la buena comunicación será importante para evitar conflictos, y tener un bienestar emocional con cada una de las relaciones que se comparten.

¿Por qué es necesario aclarar estas dos dimensiones, que son la dimensión psicológica y la dimensión social? Porque el objetivo de éste estudio es, conocer el camino por el cual el desarrollo espiritual da la oportunidad de desenvolver a la persona integral, que es el ser humano. Además que una vida espiritual que no abarcara en sus frutos estas dimensiones, no sería una vida espiritual completamente válida, por lo menos no aquella espiritualidad que es movida por el deseo de relacionarse con Aquel que nos ha creado por amor, y por amor desea el bien completo para cada uno, por lo cual invita a ser con Él y como Él, invita a ser plenos.

La verdadera experiencia de Dios abarca la integralidad del ser humano, incluyendo las dimensiones psicológicas y sociales, cambiando la percepción psicológica de la propia persona, aumentando el amor propio y el cuidado de todo lo que significa la persona; mejorando la relación con el entorno, formando un amor activo que nace del hecho de sentirse parte de un todo, y sin dejar de ser individuo rompe el aislamiento y la soledad a través de crear el bienestar personal y social.

Por explicarlo así, el hecho de que por la relación espiritual se logre tener la experiencia de que quien lo ha creado todo me ha deseado por amor, me ha esperado para amarme y lo que es mejor, me ama, cambia mi autovaloración, mi significado como ser y mi percepción personal. Este cambio individual se nota en las relaciones, ya no hay necesidad de buscar en las relaciones una aceptación, sino buscar las relaciones, porque me mueve el amor propio y se quiere compartir lo que se es, es decir, compartir la experiencia de amor que se ha experimentado.

Esta es la importancia de las conexiones que hay entre estas dimensiones humanas y el desarrollo espiritual, ya que una verdadera espiritualidad será la que se fundamente como fuente de una madurez humana en todos los niveles del individuo. Una relación espiritual con Dios inmanente y trascendente, vertical y horizontal, personal y social. Donde se cumpla el mandamiento del amor (Mateo 26, 36-40) sin perder el nivel relacional: Dios, yo y el prójimo. Porque nadie puede amar como no fue amado, nadie puede confirmar a la persona del otro como no fue confirmado personalmente, y nadie puede donarse al otro sin perder su individualidad y el crecimiento de sus potencias sin haber experimentado esa relación de donación primero.

Por eso en la persona de Jesús, se observa la misma dinámica del amor, como el Padre me amó, yo también os he amado a vosotros (Juan 15, 9). Una primera relación personal que se convierte en un fruto social: el amor al otro u otros. Una experiencia espiritual personal (actividad interior: dimensión psicológica y espiritual) que da frutos que abarcan una experiencia espiritual relacional (actividad exterior: dimensión física y social). Todo esto, en el ser humano, se va convirtiendo en un ciclo de crecimiento que va formando círculos continuos cada vez más profundos, según el grado de madurez y de amor que se experimente. Y no como una ruptura entre uno y otro, sino más bien, cada vez se entrelazan con mayor plenitud, construyendo y siendo en relación.

Las ciencias sociales como la Psicología y Sociología, permiten una explicación más profunda y adecuada, de cómo el amor de Dios para con el hombre, es tan especial y completo, que abarca todos los niveles de la propia humanidad. Por lo que en este proceso de desarrollo espiritual y humano que la relación interpersonal con Dios, le da al ahombre, será importante tener en cuenta el crecimiento, la integración y el equilibrio de las diferentes dimensiones.

TERCERA PARTE

EL DESARROLLO ESPIRITUAL Y SU COMPARACIÓN CON LAS ETAPAS PSICOSOCIALES PARA FINES DE MAYOR ENTENDIMIENTO DE LA MADUREZ INTEGRAL

DESARROLLO ESPIRITUAL

El iniciar de la relación con Dios.

La relación con Dios inicia como la vida misma. En silencio y en el secreto del alma, la semilla de Dios fecunda. Muchas veces por el trabajo de otros servidores que se esfuerzan en lo secreto, otras por un retiro, y muchas más por la propia búsqueda. Así como la procreación de vida en los seres humanos se da de manera accidentada o bien planeada, así hay variadas posibilidades para que la semilla de Dios fecunde el alma. Pero lo más importante, es que la decisión primera y última de fecundar al alma y al vientre, en cada una de las posibilidades y casos que se pueden dar, la tiene Dios.

El mismo Dios que en lo secreto de su amor crea para amar la propia existencia, también en lo secreto se acerca a cada uno para poder relacionarse con Él en toda su plenitud. Este inicio no es tan perceptible ni visible al comienzo, pero al pasar el tiempo, se observa el crecimiento como algo que se inflama en el interior; cada vez es más notable, hasta que tiene que salir a la luz. Como un bebé sale a la luz entre dolor, esfuerzo y derroche de alegría, ocurre lo mismo cuando la relación con Dios sale a la luz: un dolor con esfuerzo interior para poder aceptar y abrirse al nuevo ser que se descubre. Dolor que se advierte al romper las seguridades e ideologías que se confrontan con las de Dios. Esfuerzo por superar el miedo a lo nuevo, el miedo a perder las comodidades y seguridades propias, esfuerzo por aceptar a Dios.

Pero este dolor y esfuerzo son motivados por una alegría que poco a poco va invadiendo el interior. Así como el nuevo ser empuja al esfuerzo de su madre que se desgarra en dolor por conocer a su nuevo amor. Alegría nueva, inexplicable, indescriptible, que se produce por un Dios que inicia una relación para dar su amor. Amor de creador, de padre y madre, de hermano, de amigo, de compañero, amor de Dios. Todo al mismo tiempo, sin saber con exactitud qué es.

Claro que de igual forma, como se puede parar el crecimiento de una nueva vida en el vientre materno, así puede matarse la relación de Dios en el alma (por la libertad que se posee como seres humanos). Pero como errar contra la vida, es detener la expansión de mi yo como ser que crea y trasciende, es erróneo detener la relación que nace del deseo interior de poder llegar a la plenitud.

Introducción al crecimiento espiritual y la conexión con el desarrollo de las etapas psicosociales.

Hasta aquí se ha definido lo necesario sobre el tema de la espiritualidad y la oración, también hay una idea de lo que representan las dimensiones psicológica y social con relación al desarrollo espiritual, y él cómo estas áreas del ser humano tienen que desarrollarse a la par de una verdadera vida espiritual. Además que en los anteriores párrafos se ha descrito a manera de introducción un poco sobre el despertar en la relación con Dios, refiriéndose a los primeros encuentros o despertares espirituales.

Este iniciar en la relación con Dios que fue representado con el acontecimiento de dar a luz, como todo proceso de crecimiento, corre el riesgo de estancarse y detenerse. Para todo desarrollo psicológico y espiritual se necesita de la disposición personal, como un constante decir sí a lo que sigue para poder continuar el desarrollo; como una pareja que se casa ha dicho si desde la primera cita hasta el matrimonio, de lo contrario tal compromiso conyugal no se lograra. Hay situaciones en las que se necesita ayuda para crecer espiritual y psicológicamente, esto es el caso de los niños y adolescentes que aún dependen de la influencia de sus padres para caminar en este camino de desarrollo espiritual y humano (muchos niños y jóvenes también han podido mostrar ésta disposición, sin embargo la mayoría de las veces es siempre necesaria la ayuda y educación de los padres). Pero referente a una persona consciente y con la capacidad de decir si a este proceso, el esfuerzo que necesita hacer es una total disposición a crecer, es decir, la actitud de decir sí al avance de la relación con Dios.

Lo que continúa se refiere a este avance consciente que se tiene que dar en la relación con Dios, y se irá viendo a la par con el desarrollo de las etapas psicosociales del individuo, para entender como el desarrollo espiritual a través de una relación interpersonal con Dios, se asemeja a las etapas psicosociales porque se dan en un radio de relaciones significativas. Todo esto con la intención de ver que la relación profunda con Dios, apoya en la superación de las deficiencias psicosociales que se obtuvieron en la crianza y las experiencias pasadas, además que acompaña en las experiencias presentes para culminar con mayor bienestar las etapas que actualmente se viven. Esta intención expone la verdadera espiritualidad, como aquella que trasforma toda la dimensión humana, disponiendo una mejoría física, psicológica y social. Siendo cada vez más una imagen de Dios, que invita y da la oportunidad de ser feliz, caminando con Él a la plenitud de las potencias humanas para disfrutar en Él de la plenitud espiritual.

Erik Erikson en su teoría psicosocial consideró 8 etapas en el desarrollo de cada persona con referencia a un radio de relaciones primarias, donde el individuo adquiere actitudes y habilidades que lo convierten en un miembro activo de la sociedad, cada una de ellas en función de la resolución con éxito de una crisis (Papalia, 2003). Cada crisis psicosocial es un hecho que necesita ser resuelto en un particular momento del desarrollo, y su objetivo es el equilibrio entre dos alternativas (Matthew Linn, 1990); el que se llegue o no a esa solución tendrá gran impacto en el desarrollo de la personalidad, en el carácter individual y en las relaciones sociales futuras de la persona.

Se encuentran aspectos positivos y negativos que determinan los resultados sanos y los no adaptativos de cada persona en determinada etapa psicosocial. Si bien se tiene que tomar en cuenta, que el crecimiento de cada persona debe ser entendido con relación a la forma única de vivir de cada cultura, mientras el individuo sea lo mejor preparado posible para desplegar sus potencias tanto individuales como sociales de forma libre y espontánea, buscando siempre cumplir ideales verdaderos que favorezcan el desarrollo, la libertad y la felicidad del yo (Fromm, 2002), se puede decir que el objetivo del progreso humano para alcanzar la madurez se está logrando.

Por tal razón, se expone como la relación con Dios al ir profundizando en los grados de la oración mental y, a través de algunas formas específicas de oración (que en los grados de oración activa pueden variar, siempre y cuando logren el objetivo necesario para alcanzar el avance espiritual de la etapa), ayudan en gran medida a la resolución de la crisis psicosocial de cada etapa, hasta lograr la madurez humana, es decir, ser un adulto listo para intimidar en el amor como la sexta etapa de Erikson lo menciona (Erikson E., The Life Cycle Completed, 1982). Todo esto en función de alcanzar el desarrollo humano por medio del crecimiento espiritual.

El simbolismo utilizado para expresar la aceptación de Dios en la propia vida (primeros párrafos de este capítulo), será contrario a la que se utiliza en estas etapas, porque es la persona misma la que nace y crece en este camino espiritual (contrario a cómo se expresó la fecundación de Dios en el alma, que se comparaba con la fecundación en el vientre), por lo tanto, cada etapa del desarrollo espiritual, se centrará en el orante como individuo en crecimiento a semejanza con la etapa psicosocial, mientras la relación con Dios se convertirá en el sustituto del radio de relaciones significativas.

PRIMERA ETAPA PSICOSOCIAL: ETAPA DE LA CONFIANZA BÁSICA FRENTE A LA DESCONFIANZA

Esta etapa o período abarca desde el nacimiento hasta la edad de uno o dos años (Papalia, 2003). Aunque hay que considerar que desde la concepción hay mucha información que el embrión se va apropiando, además que desde ese momento ya hay vida espiritual, según el concepto de un Dios que acepta y da la vida desde el comienzo. Un cuidado constante y digno de confianza, es el determinante básico para resolver con éxito la crisis que surge en esta edad. Los niños basan sus conclusiones sobre la forma en que son protegidos, en los cuidados que lo confortan y en la seguridad que se les proporcione. El niño y su madre (a quien se considera como el/ la cuidador/a primario) es el radio de relaciones psicosociales en ésta etapa (Erikson E., The Life Cycle Completed, 1982), al mismo tiempo, ésta confianza que se genera en ésta relación, se convierte en un barómetro a través del cual el niño puede valorar a los demás y determinar en quien confiar y en quien no confiar.

Si el niño recibe los cuidados en cuanto a su alimentación, las otras necesidades básicas propias y se siente amado por sus padres o las personas que lo cuidan, el niño crece seguro de sí mismo, adquiere la confianza y optimismo que necesita para desarrollarse debidamente. Si esos cuidados no son proveídos en ésta etapa, el niño crece inseguro sin confiar en sí mismo ni en las otras personas. Los bebés obtienen un sentimiento de confianza, de que el mundo es bueno, si han sido cuidados cálidamente y con interés. La desconfianza ocurre cuando los bebés tienen que esperar demasiado para obtener su bienestar y son tratados severamente. Desarrollan la capacidad de confiar en los demás basándose en la consistencia de sus cuidadores.

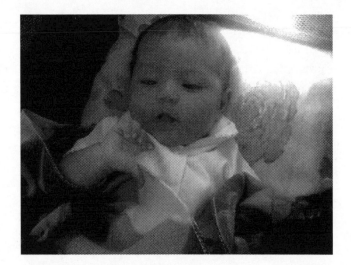

Psicológicamente, el niño forma un carácter de personalidad según el modo de relación creada con su relación primaria que es la madre, porque en esos primeros momentos de vida el niño vive a través de su madre, ya que le falta un sentimiento propio de identidad y depende de los demás para satisfacer sus necesidades (Matthew Linn, 1990). Carecer del cuidado materno que asea físicamente y alimente, no es en sí el problema, porque naturalmente un bebé no puede sobrevivir sin tales cuidados; si los cuidados no lo son todo, entonces ¿Qué faltaría para generar completamente la confianza básica? la confianza básica va en relación al amor maternal que es incondicional pues el bebé no hace ningún mérito en obtenerlo, más aún, realmente no puede hacer ningún mérito por sus nulas capacidades para hacerlo. Amor maternal: como un tipo de amor incondicional no como una especificación del amor de la madre biológica, lo ideal debería ser que tal amor naciera desde el seno de una familia donde exista padre y madre, aunque la madre por la cuestión biológica inicia éste amor maternal incondicional con mayor prontitud, la participación del padre con esa capacidad de contar, en su estructura interna como toda persona, con esas dos formas de amar paternal y maternalmente, le da la oportunidad y le responsabiliza también en ésta formación de la confianza básica en el hijo.

Es ese cariño incondicional materno el que forma la confianza básica y la desconfianza. Cuando el bebé no tiene esa figura que logre darle tal cariño, podría por lo tanto generar una confianza errónea o una total desconfianza. Si el cuidado y la satisfacción de sus necesidades básicas las obtiene de personas indistintas sin identificar la relación maternal, se genera una confianza errónea, que puede confundirse con la percepción de que todo es bueno. Cuando las necesidades básicas fueron mal o incompletamente satisfechas, puede generarse una desconfianza total y obsesiva, hacia la propia persona, hacia la relación maternal, y a quien lo rodea.

Es necesario contar con esta relación maternal incondicional, para adquirir de manera sana y equilibrada la confianza básica. Confianza que le permitirá formar un amor propio y seguridades personales. Cuando el bebé cuenta con ésta relación, identifica la figura materna incondicional y logra diferenciar entre lo que puede confiar y lo que no, tomando un equilibrio en su estructura personal, que lo puede llevar en su futuro a relacionarse con su exterior (lo social) en una postura de apertura, sabiendo que puede confiar, pero con la alerta que le ayuda a discernir entre lo que puede confiar y en lo que no puede confiar.

A nivel psicológico esto ayuda a que el individuo pueda obtener seguridad, amor propio, autoestima, autovaloración, la percepción de ser bueno, de sentirse deseado, la capacidad de amarse y poder amar. A nivel social ahorra la necesidad de tener que crear relaciones de inferioridad o superioridad, dado que las cuestiones psicológicas mencionadas no tienen ya la insuficiencia de buscar esa incondicionalidad que se ha interiorizado en la persona; no se busca ser amado por méritos y no se siente rechazo, se tiene la capacidad de sentir que uno vale por lo que es, y que el propio yo tiene la capacidad de ser él mismo, compartiendo y relacionándose desde el amor, sin buscar ser dominado o dominar. En la dimensión física hay un interés a las propias necesidades, porque así como al ser atendidas las propias necesidades fisiológicas, se aprendió lo importante que se es y a confiar en los propios deseos de estar bien, así ahora se reafirma el amor propio al cuidar de la propia salud. Espiritualmente hay apertura a la experiencia de confianza en Dios, sabiendo que esa incondicionalidad encontrada en el cuidador primario, se puede encontrar en el creador.

Desarrollo espiritual de la primera etapa.

Se ha narrado el proceso del iniciar espiritual, asemejándolo con la concepción de un nuevo ser; pero una vez que esta relación con Dios se inicia, es el ser humano quien realmente parece un recién nacido que abre sus ojos a la existencia de esta nueva vida relacional con su Creador. Se empieza a dar cuenta de su propia pequeñez, del regalo de amor que Dios le hizo al concebirlo, notando el cuidado y el deseo de amarlo que el Creador le sentía cuando lo fue formando; estas nuevas ideas y conceptos son las que dan la apertura a la primera conversión, son las que nos abren el corazón para Dios iniciar la relación de amor, donde Él siempre ha tenido el deseo de comunicarse con el hombre.

Se ha dicho que éste inicio se puede dar de muchas maneras y en distintos momentos. Es difícil poder hacer la clasificación del tipo y grado de oración en la cual se da éste inicio de la vida espiritual, porque la mayoría de las situaciones donde se da esta primicia, surgen de unas combinaciones entre tipos, grados y formas de oración, que varían de una persona a otra, de una situación a otra, y hasta de el contexto histórico y social en el cual se dé. Pueden ser por predicaciones, por carismas, lecturas, pláticas, testimonios, retiros, situaciones difíciles y muchos otros momentos. Aunque hay algo que es común en éste inicio: el nuevo concepto, la nueva idea, la buena nueva. Esto es lo importante, que a Dios no le importa aquí en qué grado o en qué momento y forma se acerque, lo que le interesa es abrir la puerta a la nueva vida, a la nueva relación de amor, al concepto e idea que dice cuanto amor hay en este camino. Y lo único que hace es invitar a recorrerlo. Esto es lo que descubre la nueva idea o concepto que puede llegar por medio de un sentimiento, emoción, imagen o conocimiento, pero que es el estímulo que se recibe para iniciar un proceso mental, emotivo y volitivo de seguir la relación con Dios.

Una vez que en el proceso mental se ha llegado a aceptar éste nuevo camino, ésta nueva idea que se resume como: hay un Dios que me ama, y me ha creado por amor para relacionarme con Él en el amor. Sólo queda iniciar el camino. Decisión personal, que muchas veces se hace de manera poco consciente, porque el sentimiento o la emoción llevan a eso.

Es aquí cuando se nos encuentra como recién nacidos con deseos de ser satisfechos, succionando el alimento de amor por medio de los senos maternales que es Dios, del quien se ha nacido. La forma de relación con Dios va en éste grado de madurez, por lo general en éste inicio las oraciones que se utilizan son las oraciones vocales y las que se combinan o se confunden entre la oración mental o vocal ya mencionadas (en el apartado de Grados De La Oración Mental), que son en las que se maneja el propio lenguaje y escritura. En ésta etapa del crecimiento espiritual, se recurre a las oraciones para pedir y dar gracias, como tomar la leche y dormir. Se sabe que Dios está ahí como madre para alimentar según las necesidades, y como bebés sólo se come y se duerme, se llora y se ríe, todo transcurre sobre las necesidades básicas. También el bebé en los primeros meses no reconoce bien a su Madre, solo la necesita para satisfacer sus necesidades, poco a poco al crecer y pasar de los meses es cuando va identificando formas y figuras hasta saber quién es su mamá. Dios entiende este lenguaje de las necesidades básicas, y nos atiende, como una mamá que poco sabe o quiere saber si su hijo la reconoce o no, a ella la mueve el amor a su hijo para satisfacerle sus necesidades.

No hay nada de malo en este momento del desarrollo espiritual, es normal pasar por ésta actitud utilitaria hacia Dios. Pero ¿será bueno quedarse ahí? Imagínense que el bebé tenga 1, 3, 10 o 15 años y siga actuando como un recién nacido, ¿será bueno? Claro que no es normal, y ésta anormalidad sería un daño tanto paro el individuo como para la madre. La relación madre-hijo estaría estancada, el niño no crecería psicológicamente, y nunca podría alcanzar su verdadera identidad. Así espiritualmente, quedarse en alguna etapa estancada, impediría el crecimiento personal y el de la relación Dios-hijo.

El bebé crece y va identificando quien es su madre, quien es la que le da ese amor incondicional tan importante ya antes mencionado, de ese crecimiento y desarrollo en la relación con la figura materna, es donde surge la confianza básica, tanto en quien le da el amor incondicional pero también en él mismo, porque sabe que lo que él es, es importante, digno de confianza. Esta confianza en sus capacidades y en el amor incondicional le permite crecer y lo prepara a aprender lo necesario para seguir progresando. Se motiva a aprender el lenguaje, a expresar el amor que nace en su pequeño ser, y crea un lazo de relación identificada en la persona de su madre. Unión que le permitirá superar esta crisis psicosocial a través de la adquisición bien aprendida de la confianza básica y la desconfianza.

En la relación con Dios se necesita crecer para conocer a la persona que da ese amor incondicional. Reconocerlo e identificarlo para amarlo. Ya no sólo necesitarlo, sino crear un lazo de relación por el amor. Éste crecimiento permite crecer también como persona, para dejar de ver a Dios como una bola mágica que da lo que se le pide o que quita por castigo, e ir aprendiendo que el amor de Dios es incondicional, todo para mi propio ser, que confía en lo que soy, que deja también creer en uno mismo, para uno mismo confiar en su propia persona y luego discernir en lo que se debe desconfiar, es decir, me prepara para ser responsable de mis actos. Dejando Dios ser a cada uno, el individuo que es.

Para desarrollar la confianza básica en la relación espiritual con Dios, es necesario pasar ya a la oración mental, dejar de sostener la relación con Dios solo por medio de las oraciones que son para dar culto o para satisfacer necesidades propias, y así abrirse al conocimiento más completo de Dios, por medio de la oración que no tiene más objetivo que el de la relación personal con Dios. Es cierto que el bebé sigue dependiendo de la satisfacción de sus necesidades por el mismo medio, pero mientras esto sucede no deja de conocer con quien se relaciona y depende. Crecer en la relación con Dios no significa que está prohibido hacer las oraciones de actitud utilitaria o de costumbres, significa hacer consciencia que es necesario pasar a otra forma de relación. Vivir la devoción y la entrega como antes pero abrirse a la meditación, que será el grado de oración mental que permitirá iniciar ésta relación personal de conocimiento con Dios.

El conocimiento de Dios dará la oportunidad de identificar de donde viene la satisfacción de las necesidades, es decir, identificar la figura materna que da amor incondicional, tan necesario para la formación de la confianza básica en la propia persona y el exterior.

Para lograr éste conocimiento de Dios, se propone entonces iniciar la oración mental (tipo) en el grado de la meditación (grado) con formas que ayuden a iniciar el proceso psicológico de adquisición de conocimientos, es decir, utilizar formas que especifiquen ideas o conceptos básicos para proporcionar el conocimiento de la persona de Dios. La religiosa María Dolores Rivera Michel en su primera etapa de oración personal, describe la meditación evangélica como una forma de oración, donde su metodología se basa en quedarse con ideas, conceptos o palabras para llevarla a la oración personal (H.C.M., 1978). Ésta forma de oración, narra bien de lo que se refiere utilizar formas que ayuden a iniciar el proceso psicológico de la obtención del conocimiento.

Al igual que el bebé, ésta obtención de conocimientos será de manera lenta pero progresiva. La intención de este escrito no es proporcionar una forma mágica que al realizarla una vez, la etapa tanto espiritual como psicosocial se supere; sería ir en contra de la lógica de las relaciones interpersonales, como también del crecimiento psicológico y del desarrollo espiritual. Éste crecimiento tanto psicológico como espiritual y ésta profundización en la relación interpersonal con Dios se van dando poco a poco, según las capacidades, situaciones, disposiciones y la Gracia.

Se propone entonces que la continua práctica de la oración personal tipo mental, de grado de meditación y de formas específicas para la profundización en el conocimiento de Dios, combinados con las experiencias constantes de recibir amor incondicional de un Dios maternal, dará la oportunidad de sostener, superar, restaurar o llenar la primera crisis psicosocial entre confianza y desconfianza. ¿Cómo podre tener la experiencia de amor incondicional de un Dios maternal? El conocimiento de un Dios que crea por amor y que quiere estar con su creación, llevado a la oración mental ira penetrando la estructura personal interna, para poco a poco ir modificando ideas, conceptos, actitudes y afectos hasta formar parte de la personalidad y carácter. El amor incondicional se irá siendo parte de nosotros, hasta crear la confianza básica. Esto muchas veces será poco perceptible, pero la práctica constante de la oración mental dejará notar este crecimiento, que iniciará con balbuceos pero que pronto se experimentará con mayor claridad, hasta como el bebé llega a decir sus primeras palabras, así cada uno logrará entender y pronunciar las primeras palabras en el lenguaje del amor de Dios.

No está de más redundar en que el crecimiento y desarrollo tanto espiritual como psicológico, son lentos y poco visibles pero lo importante es que van dando sus frutos; esto se puede notar en un proceso psicológico tanto de terapias como de consultas, que parece no avanzar o no hacer nada visible pero que el bienestar psicológico y emocional se va logrando poco a poco hasta llegar en un tiempo a percibirlo, pudiendo decir que el ahora es mejor que el pasado. El desarrollo espiritual es también una ciencia intangible, pero que la práctica deja la libertad interior que será notada después de dar unos cuantos pasos en fe.

Lo que resulta de crecer y superar esta etapa tanto psicosocial y espiritualmente, es que permite darse cuenta de algo importante para adquirir la confianza básica: no me satisfacen porque deben hacerlo o porque moriría sino lo hicieran, me satisfacen porque me aman. Por lo tanto: yo valgo, soy digno de confianza y amor, y soy capaz de amar de la misma forma.

¿Cómo ayuda el crecimiento espiritual, a superar la etapa psicosocial de la confianza básica que se vive de bebé?

Recapitulando que la confianza básica se logra en relación a la calidad de amor y cuidado incondicional recibida de la persona materna, decir que hay deficiencias en esta etapa de la vida, significa que hubieron deficiencias en la relación con la persona materna que impidieron internalizar con totalidad la confianza en la estructura personal. Por lo tanto las relaciones presentes del individuo se ven afectadas por esta carencia, relaciones que pueden ser interpersonales, sociales y hasta con ella misma.

Cuando Dios rompe esta deficiencia en las relaciones, viniendo Él a relacionarse con el propio ser humano con seguridad, con amor propio y a la persona, aceptando y deseando su vida misma, inicia en el individuo la adquisición de una confianza básica que no tenía o que se termina de formar si no estaba totalmente hecha. Si la persona materna que tocó tener en el crecimiento no pudo, por las diferentes razones que pueden existir, dar el amor incondicional tan necesario para el desarrollo psicosocial, viene Dios a decir: yo te amo incondicionalmente, yo te acepto como eres sin capacidades y con necesidades (por ser un bebé), yo creo en ti, en lo que sientes, deseas y eres. Y lo importante no es en que venga a decirlo, sino en que da la oportunidad de experimentarlo a través de la relación espiritual con Él. No es un día, ni en un mes, sino en el tiempo necesario, como la madre le dedica el tiempo necesario a su bebé, así la relación con Dios se tomará el tiempo necesario hasta gravar en el interior éste amor incondicional que Dios quiere dar.

El conocimiento de Dios da la oportunidad de saber que Él no va a fallar, que a pesar de que ama como madre no tiene las deficiencias, grandes o pequeñas, que la persona materna pudo tener; y la experiencia de amor que se irá teniendo, al profundizar poco a poco en la relación con Dios, dará lo que hizo falta, llenará lo que quedo vacío, sanará lo que se hizo mal.

Cuando existe una falta de amor incondicional muy grande, es un poco difícil dejar que la relación con Dios llegue a esos momentos donde el orante se deja amar, con el amor incondicional maternal. Correspondiente a la dirección espiritual es necesario saber que la falta de amor incondicional, impide confiar de manera correcta en el ser mismo, en las personas con las que se relaciona, en el mundo y en Dios. Cuando esto sucede hay que poner mayor énfasis a ésta etapa de relación espiritual con Dios y de desarrollo humano, buscando las causas de esta falta de confianza, y escogiendo los ejercicios necesarios que permitan superar las necesidades propias de cada individuo, a través de su relación con Dios. Para que esas resistencias que se ponen al recibir el amor incondicional de parte de Dios, inconscientes muchas veces, se puedan superar y lograr interiorizar este amor maternal de Dios.

Y en el campo psicológico, puede ser una opción echar mano de la fe y la confianza que la persona tiene en Dios, para que en su relación con Dios, pueda expresar las faltas y necesidades del amor materno incondicional. Sería algo como conocer las necesidades afectivas de la persona, transferirlas a la idea amorosa que tiene de Dios, para la obtención de lo que le hace falta en su interior.

En los dos campos, tanto en el de la dirección espiritual como el psicológico, para aprovechar bien la idea tendrían que echar mano de las dos áreas tratadas: la espiritual y la psicosocial. La dirección espiritual se haya obligada a tener estos conocimientos para lograr el objetivo de crecer en la relación con Dios (Connolly, 2011). En el campo psicológico puede ser una alternativa, para las personas que se dedican a ello y tienen intereses espirituales (Ma Isabel Rodríguez, 2011).

La confianza básica prepara para enfrentar no solo la siguiente etapa de la vida, sino que es fundamental para todas las demás, porque la confianza básica al igual que todas las crisis superadas en cada etapa, formará al individuo. Cuando las crisis no fueron superadas con totalidad, se arrastran en las siguientes, y cuando se obtiene el crecimiento adecuado en una etapa, se puede echar mano de ella en las demás situaciones de la vida.

SEGUNDA ETAPA PSICOSOCIAL: AUTONOMÍA CONTRA VERGÜENZA Y DUDA

Apoyados en el sentido de confianza ya establecido, los niños se dedican a explorar su entorno con las recién desarrolladas habilidades para moverse y utilizar el lenguaje. Ya que ésta etapa se liga con el desarrollo muscular, la adquisición del lenguaje y al mismo tiempo aprender a caminar, a sostenerse de las cosas y a controlar las funciones excretorias (Papalia, 2003); desarrollo que es lento, progresivo y no siempre es consistente y estable, por ello el infante pasa por momentos de vergüenza y duda. La segunda etapa psicosocial se da desde los 18 meses hasta los 3 años aproximadamente y la crisis en este período se deriva entre la autonomía contra la vergüenza y duda, con un radio de relaciones significativas que va hasta las personas con parentesco (Erikson E., 1982).

A medida que avanza el desarrollo físico, el niño logra una autonomía creciente y empieza a explorar el ambiente. El autocontrol y la seguridad en sí mismo es el aprendizaje prioritario de ésta estadía. Un fuerte sentido de la duda les ayuda a conocer sus propios límites y el desarrollo de la vergüenza indica los inicios de la distinción entre lo correcto y lo equivocado (Kagan, 1984). El niño empieza a experimentar su propia autonomía haciendo uso de su voluntad, desarrollando la capacidad de decisión, diciendo sí o no. Comienza a afirmar su independencia, cuando se le dan alternativas mínimas sobre cosas que él puede decidir, como darle la iniciativa en los juegos, dejarles escoger que cuento leerles y tener empatía con su persona. Si al niño en ésta edad no se le dan alternativas sobre mínimas cosas que él puede decidir, su carácter y voluntad propia no se desarrollan adecuadamente. Cuando los demás son sobreprotectores, el niño muy posiblemente dudará de sí mismo y de sus posibilidades de independencia. Las exigencias excesivas también generaran dicho sentimiento. Si los critican, controlan exorbitantemente, o no se les da la oportunidad de afirmarse, comienzan a sentirse inadecuados en su capacidad de sobrevivir, volviéndose excesivamente dependiente de los demás, carecer de autoestima, y tener una sensación de vergüenza o dudas acerca de sus propias capacidades.

El niño necesita ser afirmado en los momentos que le permitan desarrollar su voluntad sanamente. Cada vez que tome decisiones adecuadas debe ser aprobado con firmeza; pero cuando tome decisiones equivocadas, tiene que haber firmeza para corregirlo diciendo "no", aun cuando haya una constante repetición del acto. Porque la educación del niño es también controlarlo, pero mejor aún, con su cooperación y apoyo, con el fin de adquirir un correcto balance. El niño que recibe la atención apropiada asimilará esta autonomía con la afirmación de sus buenas decisiones y la corrección de las erróneas. Por lo que es necesario para lograr este correcto equilibrio, evitar avergonzar innecesariamente al niño, u obligarlo a hacer algo sin ninguna proporción con su edad o capacidad (Maisto, 2001).

Las relaciones significativas, pero más que nada los padres jugaran un papel importante para lograr esto. La persona paternal en esta etapa cumple un papel muy importante en el control y límites que equilibren tanto la educación del niño, como su propia interiorización de los dos tipos de amores: el amor maternal y el amor paternal. Dejando que el niño tenga ese sentido de querer hacer su voluntad, pero aprendiendo que es lo correcto y que no.

Cuando la confianza básica enseñó al niño a amarse y a confiar en él, demostrará este mismo sentir al mundo con el que se relaciona, expandiendo aún más su círculo de alcance según las capacidades que hasta ahora desarrolla; pero sus capacidades limitadas lo llevaran a equivocarse muchas veces, dado que está en constante aprendizaje de sus propios límites y de las reglas existentes; como ya se mencionó, si las correcciones son severas dejarán una confusión entre lo bueno y malo, entre lo que se puede y no se puede hacer, entre lo que se es o no. Las correcciones adecuadas y los refuerzos correctos darán autonomía y control, sin perder autoestima por los errores, ellos aprenderán el camino de lo bueno y lo malo.

Los padres que tienen personalmente la habilidad adecuada para decir un "si" o un "no", se supone que naturalmente encontrarán el equilibrio correcto entre la exagerada permisividad y una ruda firmeza, creando así una sana autonomía en sus hijos (Matthew Linn, 1990). Las actitudes adecuadas de los padres hacia el sentimiento de autonomía que los infantes presentan son fundamentales en el desarrollo de la etapa, ya que éstas son las experiencias más tempranas de libre voluntad y deseo para adquirir su autonomía. Si las actitudes de los padres son contradictorias, pueden dificultar el crecimiento del niño en su independencia, en su madurez y en su autocontrol responsable. Porque los fracasos y el ridículo al que los padres u otros los someten pueden generar duda y vergüenza. La capacidad del pequeño para avergonzarse puede ser fácilmente explotada por unos padres muy severos, o puede ser amorosamente guiada por unos padres sensitivos (Matthew Linn, 1990).

Los niños que superan esta etapa con éxito son más independientes, tienen iniciativa propia y desarrollan su voluntad en cuanto a lo que quieren y no quieren hacer. Si se anima y apoya la independencia de los niños en ésta etapa, se vuelven más confiados y seguros, respecto a su propia capacidad de sobrevivir en el mundo.

Desarrollo espiritual de la segunda etapa.

En la parte espiritual, una vez que se ha ido pasando la etapa de la espiritualidad utilitaria e iniciando una espiritualidad más comprometida en el conocimiento de Dios como la oración mental lo ofrece, el orante se encuentra por el momento conociendo quien es el Dios que lo ama y va interiorizando bien el amor incondicional al identificar la persona maternal en Dios. Su crecimiento debe continuar, porque Dios impulsa a crecer, al dar que la confianza básica se plasme fuertemente en la persona se confía más en Él, en la propia persona y en las relaciones. Esto da la motivación para que, así como el niño empieza a crecer desarrollando lenguaje y capacidades físicas, así cada persona en la relación con Dios, desarrolle un poco más éste lenguaje del amor espiritual.

Se puede decir que en esta etapa de crecimiento espiritual, el orante encuentra la motivación en el amor incondicional que ha encontrado en Dios y que tal motivación lo lleva a desear avanzar aún más. La actitud utilitaria hacia Dios empieza a quedarse un poco atrás, y a quien se encuentra recorriendo este camino, le inicia un sentimiento de querer agradar a Dios. Con el mismo tipo, grado y formas de oración que en la etapa anterior se experimentó lo que se necesitaba para crecer y superar la primera etapa, con ese mismo grado de oración mental se inicia a caminar el segundo momento espiritual. Porque al igual que en las etapas de crecimiento psicosocial, no significa que al llegar a una determinada edad ya se pasa a la siguiente olvidando cómo se comportaba hasta el momento el niño, así en la cuestión espiritual poco a poco se avanza y muchas veces sin percibirlo, y aunque Dios mantenga a la persona en algún grado especifico de oración mental, Él lo va haciendo crecer en su amor.

Por lo que con la oración mental, de grado de meditación, en las formas que suscitan el conocimiento de la persona de Dios, también se iniciará ésta segunda etapa de desarrollo espiritual. Al ir conociendo quien es Dios, que hace y cómo es, se irá conociendo igualmente cual es la forma de actuar del amor y la caridad. En éste momento, los actos personales son confrontados con las normas del amor que viene a enseñar la persona de Dios, ya no son solo mandamientos o normativas que hay que cumplir, es la corrección de los actos y actitudes que se confrontan con la forma de ser de ese Dios que ama al individuo, y que con eso lo invita a amar igual.

Se siente vergüenza y duda en las cosas que no se están haciendo según lo dicta ésta experiencia de amor. Se intenta hacer la propia voluntad, haciendo berrinches y actuando según complace, pero éstas experiencias de oración con Dios van poco a poco dejando mostrar el amor paternal de Dios, que quiere y desea que se haga lo mejor y lo correcto; confía en la persona y en la capacidad que hay en su ser para amar, lo único que exige es que se dé cuenta de eso. Lo confronta y lo corrige en el lenguaje del amor, muchas veces el orante se siente exhibido por tal confrontación, eso le produce vergüenza, en otras ocasiones duda de su forma de actuar, pero ésta duda lo lleva a buscar con mayor interés cuál es la verdad, qué es lo mejor.

¿Por qué la vergüenza y duda son utilizadas en estos momentos del desarrollo espiritual? Porque se fundamentan en la relación de amor incondicional que se ha generado y seguirá generándose con Dios. Las correcciones que Dios hará sentir, serán en base del amor incondicional que tiene para la persona. Ésto es lo que se necesita para aprender que es lo bueno y lo malo sin perder la autonomía y los deseos de ejercer la voluntad.

Será muy diferente cuando una persona adepta a una religión, sienta el deber de hacer y cumplir los mandamientos que se le piden por obligación o por el simple temor de tener que agradar a Dios para ser amado, a una persona que tenga la capacidad de ejercer su voluntad queriendo hacer lo que tiene que hacer porque ha interiorizado que ése camino es el camino para ser pleno y para crecer en ese amor que ha experimentado de parte de Dios, un amor que no pide nada para poder amar, sino que exige en la caridad para poder crecer y ser plenos.

Plenos en todas las capacidades que se han estado hablando, tanto espirituales como psicológicas y tanto físicas como sociales, eso dignificará la existencia expandiendo el propio yo individual, sin perder de vista los deseos de amar y relacionarse con el mundo para crear. Deseos y relaciones que cada individuo quiere desde su interior. Éste amor que no te pide ser mejor para amarte, sino que te pide ser mejor porque te ama. Vendrá siendo la más grande corrección y educación para hacer crecer la autonomía, sin perder de vista el progreso de las potencias. La diferencia entre una persona religiosa y otra, tal vez no se note en la cantidad de cosas que hace una y la otra, se notará en la motivación interior del cual nazca el deseo de hacer las cosas, ésta motivación producirá una actitud diferente al hacer, no hacer en la excesiva actividad para ganarse el reino, sino hacer por la intención de amar como ya uno se siente amado.

Muchas veces se logra ser una persona adaptada a las reglas pero no porque así se desee o porque esto surja de la propia autonomía, sino que se desarrolla por la represión, el miedo, la inseguridad y la poca libertad propia. El niño severamente dañado en su autonomía, puede tomar la actitud de profunda obediencia perdiendo su espontaneidad, haciendo caso completo a las reglas pero sin que él crezca, sin generar él esa actividad, sin ejercer su voluntad, frustrando su expansión del yo; refiriéndose al término de espontaneidad como lo describe Fromm, esta no es una actividad compulsiva, consecuencia del aislamiento e impotencia del individuo; tampoco es la actividad del autómata, que no representa sino la adopción critica de normas sugeridas desde afuera. La actividad espontánea es libre actividad del yo e implica, desde el punto de vista psicológico, el significado literal inherente a la palabra latina sponte: el ejercicio de la propia y libre voluntad. Al hablar de actividad no se refiere al hacer algo, sino a aquel carácter creador que puede hallarse tanto en las experiencias emocionales, intelectuales y sensibles, como en el ejercicio de la propia voluntad (Fromm, 2002).

Esto suele suceder en el campo religioso cuando el desarrollo espiritual no se procura, se olvida el carácter libre del hombre, obligándole a hacer algo que realmente no ha interiorizado; solo quien interioriza la persona de Dios y por la buena nueva recibida del amor decide seguirlo, se compromete a conocerlo, y se da cuenta del lenguaje del amor que Dios habla hacia uno mismo, puede percatar que tales mandamientos siguen la misma lógica del amor, formando en ellos ideales que perseveran el crecimiento humano, haciéndoles crecer en libertad e individualidad, todo esto para amar más y mejor: amar con mayor libertad y plenitud cada día.

En ésta etapa hay que crecer espiritualmente, para lograr interiorizar este sentido de autonomía unido con el conocimiento de lo bueno y lo malo sin perder la espontaneidad. Por tal razón se plantea seguir creciendo en la oración mental en el grado de la meditación, pero adecuando la forma para poder desarrollar la autonomía y conocer más de lo que el mandamiento del amor dicta en cuanto a lo que es bueno o no. Para éste paso espiritual entonces es necesario utilizar formas de oración donde se recurra a la imaginación. Porque la imaginación es algo que se inicia también en ésta estadía de autonomía contra vergüenza y duda, algo que se da en el niño pequeño de dos a tres años relativamente, o por lo menos aquí se hace visible porque ya tiene la capacidad de expresarlo.

Con las oraciones donde se utilice la imaginación, se tendrá la oportunidad de crear haciendo uso de la autonomía para imaginar lugares, situaciones y acciones concretas. Pero como la oración mental se trata de relacionarse con Dios para conocerlo y profundizar en su amor, las oraciones que se realicen con la imaginación se harán dentro de ésta línea que es la oración mental, es decir, la imaginación dará la oportunidad de conocer y saber cómo actúa Dios en cada una de las situaciones creadas. ¿Cómo conocer el actuar de Dios? El conocimiento de la persona de Dios que se ha adquirido hasta aquí, hará fácil este saber, porque cuando se conoce quién es la persona, se sabe que todo lo que él es tiende a actuar de determinada forma, además que en el conocimiento de Dios su mismo espíritu, quien guía la oración, realizará lo necesario para esto; siempre y cuando haya disposición del orante y cuidado de su crecimiento espiritual con la apropiada dirección espiritual. Ésta forma de oración también permitirá imaginar cómo se actúa y que piensa Dios de los propios actos, actitudes y sentimientos.

A ésta manera de orar utilizando la imaginación, muchas veces se le llama una oración de contemplación, porque justamente vemos y observamos diversas situaciones y actos. Eso es lo que significa contemplar pero a través de la imaginación. No hay que confundir este tipo de contemplación que se da como una forma de oración (oración de contemplación por usar la imaginación para ver y observar) con el grado de oración mental conocida como con el mismo nombre (oraciones contemplativas o místicas), porque son dos grados distintos de oración mental. Aquí se habla de la contemplación, que se da con la imaginación y que se encuentra en el tipo de oración mental de grado de meditación.

La religiosa María Dolores Rivera Michel enseña en su primera etapa de oración personal, una forma de oración mental, de grado de meditación y con la metodología de utilizar la imaginación, que la llama contemplación evangélica (H.C.M., 1978). Además que con esta misma metodología de usar la imaginación, adecua otra oración para sanar acontecimientos dolorosos. Estas formas dan claro ejemplo de que la oración que se hace con ayuda de la imaginación, ofrece la oportunidad de crear situaciones donde la autonomía puede ser utilizada y además restaurada en el caso de llevar situaciones específicas donde fue dañada. Ahí es donde se experimenta, que el desarrollar este crecimiento espiritual a través de avanzar en la oración mental, ayudará a superar esta segunda etapa psicosocial, porque lo que se necesita desarrollar es la autonomía aprendiendo lo que sí es bueno y lo que no, para decidir hacer lo correcto.

Ayuda del crecimiento espiritual a la etapa psicosocial.

Dios al dejar que la oración en la imaginación, sea un acto de decisión propia en la capacidad de elegir lo imaginado, es decir, que aunque sea un tema espiritual específico se pueda elegir como imaginar y que crear, esto permite utilizar la autonomía. Pero en la oración, Dios confronta al orante con las normas del amor para saber que está bien y que no, corrigiéndolo en ese lenguaje del amor incondicional que lo ayuda a ser él mismo y reconocer lo que no está bien sin frustrarlo, sin atemorizarlo y sin perder su autoestima. Generando en el interior de la persona la seguridad de querer lo que es mejor, y solo así lo desea por espontaneidad, ya que lo experimenta en su oración y en su experiencia de amor con Dios, por lo tanto entiende y acepta por el amor que experimenta, lo que es bueno, y no por obligación. Le permite entonces llevar éste mismo sentir a aquellas cosas aprendidas en su pasado donde no pudo experimentarlo, y aprende qué significa hacer buen uso de su autonomía fortaleciendo su voluntad.

Para ello existe la oportunidad de llevar a la oración, aquellas cosas que dañaron la autonomía por los malos acontecimientos entre las relaciones significativas. Con el fin de poder desarrollar la etapa en su totalidad, dejando que sea Dios quien corrija y aclare cada situación anterior como se necesitó que se hiciera en su momento, y que esa experiencia presente, logre superar aquellos momentos de la historia donde no pudieron darle al individuo la oportunidad de completar la autonomía de manera completa y eficaz.

Entender que la autonomía, no solo está en hacer lo que se desea sino en hacer lo que es mejor a través de esos ideales que desarrollan la propia integridad, ayuda a superar situaciones dolorosas que no se pueden controlar (muerte, perdida, enfermedades, separaciones y más). Porque el abandono en los ideales de Dios que poco a poco se van conociendo y van haciéndose igualmente propios, dado que tanto Dios como el individuo quieren el crecimiento y el desarrollo pleno del ser, permiten aceptar las cosas que no dependen de la persona pero sin frustrar su felicidad. Teniendo en cuenta que hay situaciones que requieren de un proceso más largo y/o con ayudas profesionales específicas, pero el desarrollo espiritual de ésta etapa llevará a los resultados que se mencionan.

Sin duda, esta autonomía se desarrollará por la espiritualidad, en la medida que exista la disposición de seguir el proceso espiritual con lentitud y trabajo continuo. Pero cierto es que la relación espiritual con Dios, al interiorizarse a través de la oración mental usando la imaginación, sanando los acontecimientos que deterioraron esta autonomía y abandonándose en los ideales más grandes (de Dios, del amor, de la vida misma y de la felicidad) para poder superar aquellas cosas que se desearon aunque no se pudieron dar, porque no dependieron de las propias capacidades (muerte, perdidas y enfermedades) o que no se pudieron concretar en su momento (oportunidades, desafíos y planes), recupera la autonomía perdida, en la etapa de la vida fundamentada en ella o ayuda a desarrollarla en su totalidad si le hacía falta.

Se dice entonces, que para poder dejar de arrastrar ese pasado que detuvo el desarrollo correcto de la autonomía, todo porque las relaciones significativas no supieron enseñar de forma adecuada, se necesita dejar que Dios se relacione con el orante para que Él en su madurez, su plenitud y su capacidad de relacionarse de forma adecuada con cada uno, enseñe y corrija a través del amor incondicional, dejando ser espontáneos pero enseñando lo bueno y lo malo a través de ideales que se graven en el orante por amor, para aprender, sanar y formar una autonomía tan necesaria que fortalezca la voluntad y permita a la persona, ejercer su autonomía con responsabilidad, buscando siempre el desarrollo de sus potencias sin dejar de ser él mismo.

Este desarrollo de las potencias y el fortalecimiento de la voluntad, dan la oportunidad de caminar con pasos fuertes a la verdadera conversión; conversión que nace de la relación con Dios y que llena de felicidad interior al hombre, ya que no la hace por miedo o para ganarse el amor (o cada vez menos inconscientemente) sino porque lo aman y lo experimenta así espontáneamente.

TERCERA ETAPA PSICOSOCIAL: INICIATIVA CONTRA CULPA

Leticia de 5 años caminaba por la cocina, cuando se le ocurrió llevarle un vaso de agua a su papá que se encontraba en la sala recién llegado del trabajo. Por la cabeza de Leticia pasaba la idea de poder mitigar el cansancio que su padre demostraba con su semblante, la imaginación de la niña solo mostraba la cara de felicidad que mostraría su papá al recibir tal gesto. Inmediatamente después de tal idea puso manos a la obra, cogió un banco y lo acercó a la mesa para tomar un vaso de cristal que ahí se encontraba. Al inicio todo parecía ir según el plan, se encontraba ya sobre la mesa con el vaso en mano y la idea placentera de demostrar su atención a papá lo invadía aún más, pero de pronto se tambaleó el banco sobre el cual estaba parada, se asustó y enseguida por una reacción espontánea se tomó de la mesa con las dos manos; se encontraba a salvo, pero ¿y el vaso?, obviamente lo tuvo que soltar, y el sonido estruendoso del cristal estrellado y roto en el piso se dejó escuchar. Papá corrió y vio la imagen, sin más preámbulo la idea de una travesura de Leticia se le cruzó por la mente, el regaño no se hizo esperar y a Leticia duramente se le llamó la atención. Sobre Leticia calló el peso de la culpabilidad, pero ¿de qué soy culpable? pensaría Leticia, ¿está mal la muestra de atención y amor que se me ocurrió para papá? Realmente ¿no es bueno lo que intenté hacer? Pero la culpa ya estaba ¿sobre qué? Leticia tal vez nunca sabrá que hizo mal, o pensará que todo lo que intentó no era bueno, tal vez sea mejor no tomar la iniciativa y nunca más tener muestras de atención sobre lo que ella cree que está bien.

Éste conflicto entre la iniciativa contra la culpa que Leticia pasa, es el conflicto que se desarrolla en la tercera etapa psicosocial que se da entre los 3 y los 5 años también conocida como edad del juego (Erikson E., 1982). Las relaciones significativas serán el núcleo familiar y la familia extensa (Gomezjara, 2010) en menor proporción (Erikson E., 1982). El conflicto básico en esta etapa se establece entre la iniciativa de planear, llevando a cabo actividades y los remordimientos sobre lo que el niño quiere realizar y no puede o sale mal.

El niño desarrolla actividad, imaginación y es más enérgico, aprende a moverse más libre, su conocimiento del lenguaje se perfecciona, comprende mejor y hace preguntas constantemente (Papalia, 2003); lo que le permite expandir su imaginación hasta alcanzar roles que el mismo fantasea. Se torna cada vez más activo, emprende proyectos nuevos, manipula los objetos del entorno, hace planes y supera retos. El rápido desarrollo físico, intelectual y social lo motiva a probar sus habilidades y capacidades. Por otro lado, puede establecer contacto más rápido con niños de su edad y se incorpora a grupos de juego.

La problemática en ésta etapa se traduce como un bloqueo en la acción y la iniciativa, una tendencia paralizante a la culpa, o una fijación a un estado de dependencia que anula la capacidad. Su origen lo constituyen el temor a equivocarse y una exagerada conciencia de lo que se puede o no hacer. Al igual que en las anteriores estadías se da una crisis que se resuelve con un incremento de la sensación de ser uno mismo. Ésta crisis va en relación a un factor crítico, según Erikson, que es el manejo de la culpa (Matthew Linn, 1990). La capacidad de culparse se desarrolla en ésta etapa, porque ya no es necesario que alguien provoque sentir vergüenza para saber que se cometió un error, ya que la interiorización de lo bueno y malo, lograda en la etapa anterior, da la capacidad de reflexionar y experimentar sobre el acierto o el fallo en los actos. Y se logra a través de la conciencia de la culpa que ahora surge.

Del éxito en el manejo y en la interiorización de la culpa, dependerá el desarrollo de la actuación sana, la curiosidad y la iniciativa. Los niños en ésta etapa psicosocial son hipersensibles a la culpa, se les dificulta diferenciar entre lo que depende y fue responsabilidad propia y lo que no. Se atribuyen culpas que no les corresponden como divorcios de los padres, enfermedades y situaciones generales, que los puede llevar al desprecio y la represión de sí mismos.

Los niños en ésta etapa, como ya se ha dicho, tienen más desarrolladas las capacidades de la imaginación, del movimiento y del lenguaje; las cuales los llevan a una actividad energética en las tres áreas. Estarán constantemente probando sus capacidades con la imaginación y el juego de roles, con retos para alcanzar y tomar cosas, y con preguntas constantes para probar su capacidad de manejo y entendimiento del lenguaje. Los padres como principales y la familia extensa deberán por lo tanto estar atento a las nuevas actividades de los niños, para poder ayudar a su desarrollo completo de la etapa, dejándolos hacer uso de su iniciativa pero ayudándoles a manejar la culpa de forma correcta: lo que hice mal es lo que me corresponde de culpa, no todo es mi culpa; la intención y mi iniciativa pueden ser buenas, pero la forma de llevarlas a cabo pueden ser las incorrectas; lo que hice estuvo mal, pero yo no soy malo; falle, pero no significa que no puedo hacer las cosas bien.

La culpa mal empleada cortará la iniciativa de los niños, la culpa sin explicación confundirá al niño entre lo que es bueno o no, y la culpa excesiva causará un desprecio a la propia persona del niño. El sentir una culpa dañina hace tener un odio a sí mismo o a quien generó la culpa, que muchas veces se expresa con un enojo hacia uno mismo (odio reprimido) o con enojo hacia los demás (odio proyectado) (Matthew Linn, 1990). Hay que dejar que el niño sea niño, enseñándole en el amor a ser mejor, a hacer las cosas, a cumplir de buena forma su iniciativa, pero sobre todo a creer en él y que él crea en sí mismo para saber que, en él hay en esencia un ser bueno y digno de amor, a pesar de que algunas cosas no salgan del todo bien.

Los roles que el niño aprende son importantes en ésta etapa. Aprende los roles de sexos, los roles de compartir con sus hermanos y/o contemporáneos, los roles de hijo e hija. El niño se separa un poco más de la dependencia de los padres y en especial de la madre, ahora él se da cuenta de sus capacidades y limitaciones, lo logra jugando estos roles de imitar al padre o la madre, de ser una cosa u otra. Por tal motivo el dejar que los niños aprendan, por medio de las nuevas capacidades aplicándolas en sus actividades, es de suma importancia.

El excesivo control de los niños con el afán de tenerlos quietos, podría cortar las alas a la iniciativa; pero el desinterés de los padres dejando al niño hacer todo lo que desea, incapacita al niño para aprender a manejar la culpa y poder echar mano de la misma para desarrollar su conciencia de lo bueno y malo, además, de la dedicación para hacer las cosas bien. Como toda etapa psicosocial es un lucha entre una y otra, esta vez es entre la iniciativa contra la culpa, pero esta lucha no es para ver quién gana, sino para lograr un equilibrio entre ambas; con el fin de poder implementarlo en el desarrollo psicológico y social. Dando la posibilidad de crecer individualmente pero también de aprender a relacionarse de forma sana con los demás.

El desarrollo del yo es importante, sobre todo en esta etapa a través de la iniciativa, la curiosidad y la imaginación. Pero se pueden desarrollar las tres partes importantes para ésta etapa, por medio del manejo de la culpa, la cual enseña a dedicarse más cuando algo no ha salido bien, y a disfrutar cuando se ha hecho lo que se tenía que hacer.

Desarrollo espiritual de la tercera etapa.

¿Cómo la relación interpersonal con Dios desarrolla la iniciativa y enseña a manejar la culpa? La imaginación ha sido ya usada en la etapa anterior de la relación con Dios, y fue así como orientó a la superación de la etapa de la autonomía contra la vergüenza y duda. Por lo que a éste nuevo caminar del proceso espiritual se inicia como se terminó la anterior etapa. Con el uso de la imaginación en las oraciones mentales se aprendió a desarrollar la autonomía para saber decidir, y cada uno fue corregido con una vergüenza y duda muy amorosa de parte de Dios; que impulsaba con esto, a descubrir los ideales gravados por el amor incondicional, que se experimenta en la relación con Él. Para entonces conocer que ése amor gravado en el interior motiva a decidir de la mejor manera, es decir, a la manera de crecer en la espontaneidad y desarrollar la plenitud en todos los aspectos que abarcan al hombre. Hasta el ahora de éste caminar espiritual, cada uno experimenta que Dios es una persona que nos ama de verdad, y que la corrección por la vergüenza y la duda va más en el camino de confrontar, el modo de actuar de Dios con el propio modo de actuar. Se aprende que actuar por amor es mucho mejor, porque expande el yo. Nace entonces el deseo de actuar por amor, de ser espontáneos a través de lo que se experimenta, y el mismo sentir lleva a la persona a tener iniciativa como necesidad de expresar lo que ahora se da cuenta que es.

¿Qué es ésta persona? La relación amorosa de Dios para con ella se lo dicta fuertemente, haciéndola saber que es digna infinitamente de amor y con la capacidad de amar infinitamente. De ahí nace la iniciativa para amar y expresar este nuevo descubrimiento. Estas nuevas capacidades espirituales de reconocerse y verse con la posibilidad de amar, crear y hacer, son como las capacidades de locomoción que se generan en la etapa psicosocial de la cual se acaba de hablar. Y de ésta relación con Dios nace en la propia persona la necesidad de expresar esto que ha interiorizado, esto que se llama amor.

No del hacer nace el amor, el amor nace de la relación. La caridad no nace del acto, el acto nace de la caridad. Muchas veces, se hace una lógica incorrecta en el caminar espiritual llenándose de un activismo, cuando lo que Dios quiere es generar el amor de las relaciones íntimas que tiene con cada persona. Quien ama, ama todo en conjunto. Nace de él el deseo de crear, de expandirse y trascender. Quien quiere crear, se mueve y se activa.

Correspondiente al lenguaje espiritual las capacidades aumentan, ya no hay necesidad de milagros para creer. Se cree porque se experimenta en el interior una relación misteriosa, discreta pero íntima con Dios. Ahora hay en la persona un deseo de adentrarse más en ésta relación, una iniciativa para preguntar, dialogar, y discernir con Dios. Hay temas, actos, cosas y situaciones específicas que se llevan a la relación con Dios. Éstas nuevas iniciativas en el desarrollo espiritual activan y dinamizan al orante para saber qué hacer y cómo actuar en su vida cotidiana. Un fuerte deseo de hacer nace desde el interior, un hacer por amor, así como el niño hace por alcanzar retos, en el camino espiritual se hace porque el amor mueve a desarrollarse en el amor.

La iniciativa en el desarrollo espiritual se da también por el deseo de curiosear, de imaginar y de hacer. Y mucho de ello se emprende en actos concretos de apostolados o trabajos en ayuda del prójimo, no hay nada malo en esto, solo que la gran mayoría de los actos son solo movidos por ésta iniciativa de la que se habla, y en la generalidad de las veces, son actos que no abarcan a toda la persona, son solo actos que satisfacen de momento el deseo de hacer algo, pero que no crean el amor como actitud hacia a la vida. Por ejemplo: el maestro que enseña para ganarse el dinero y trabajar en algo, éste acto no abarca toda su potencialidad humana; pero para el maestro que el enseñar es un acto espontáneo de amor al alumno, y que hace su labor por el deseo de amar al otro con lo que le gusta hacer, ahí abarca toda su dimensión humana en el acto.

De igual forma sucede con esta etapa de desarrollo espiritual, cae el peso de la iniciativa para amar, pero se está aún aprendiendo lo que esto significa, por lo que al iniciar solo se prueba hasta donde llegan las capacidades de amar. Cierto es que lo que se hace, se realiza por la necesidad de amar que empieza a surgir en el interior, pero aún no se sabe qué hacer y cómo hacerlo para amar bien, y así poder lograr el acto espontáneo de amor que haga surgir con plenitud las más íntimas capacidades humanas, no solo quedándose en un acto, sino que sea una actitud de vida.

Referirse a una actitud de vida significa echar mano de los ideales por los cuales se fundamenta la persona, y que a través de ellos afronte cada paso que dé, cada decisión que tome, cada acto que realice y cada expansión que haga de su persona. Cuando se comienza a tener una verdadera actitud de vida fundamentada en la relación íntima con Dios, las decisiones personales ya son tomadas a través de lo que la experiencia del amor va dictando, es decir, se empieza a saber qué hacer y qué no hacer, pero cuando existe una actitud de vida fundamentada en Dios se logra saber el cómo hacer las cosas y el cómo afrontar la vida en general.

Se logra encontrar que con las propias potencias individuales Dios invita a la realización personal, por medio del cumplimiento de lo que a cada uno le toca hacer en la vida, unificando a la persona con todo lo que ello implica. Permitiendo que el individuo desarrolle sus potencias sin que tenga que estar en todo y en nada, sino en el lugar que le corresponde; conociéndolo (su lugar) a través de su experiencia de relación con Dios que le da el conocimiento de su propia persona. Si se tendría que llegar a una conclusión en la adquisición de esta actitud de vida fundamentada en Dios, sería que el fruto de encontrar el qué y el cómo actuar en la vida, es entender que Dios da una encomienda particular, dicha encomienda es la misión personal (H.C.M., 1978) que debe de cumplir la persona para su realización, una misión que no termina en un acto concreto sino que lleva al hombre a la plenitud.

La iniciativa mueve a querer hacer, la experiencia de Dios va ubicando en el qué hacer, que en términos generales sea lo que sea que se haga será por el deseo de amar. Y como se menciona arriba lo que prosigue a ésta pregunta del qué, es el cómo. Aquí está el aprendizaje del manejo de la culpa como reguladora de lo que se tiene y no se tiene que hacer, además del cómo hacerlo. Confrontar con Dios los actos, actitudes y sentimientos dará la oportunidad también de aprender, por medio de la culpa sana, en que hay que dedicarse más para hacerlo mejor. ¿Cuál es la culpa sana? lo que hice está mal pero yo soy bueno y puedo hacerlo mejor.

Y como avance de la constante relación con Dios en éste caminar espiritual, será el llegar a ubicar el qué, el dónde y el cómo del hacer, para poder saber cuál es la verdadera disposición hacia la vida, es decir, la actitud de vida fundamentada en Dios que nos lleva al conocimiento de la misión personal. Como el niño al ir jugando roles va ubicando su personalidad y su manera de comportarse, así inicia cada orante este crecimiento espiritual ubicándose donde le corresponde, a través de la relación personal con Dios. De ésta forma Dios en la relación interpersonal con Él, desarrolla la iniciativa en la persona y lo enseña a manejar la culpa. Un Dios que ama a la persona y que lo impulsa a actuar según la idea de ser digno de amor y de amar, por lo tanto confronta los propios actos con esa idea, ahí es donde la culpa dice: esto sí va con el amor, esto no va con el amor.

Del tipo, grado y forma de oración para esta etapa espiritual.

La oración mental en el grado de meditación, hace en ésta etapa del desarrollo espiritual, los últimos preparativos en el interior para posteriormente el alma alcance un grado de oración mental más profunda. Pero además ayuda en el desarrollo de la iniciativa y el manejo de la culpa.

En cuanto a la forma, es recomendable hacer uso de los métodos que permitan tener la iniciativa para dialogar, confrontar, moverse e imaginar. Formas que den la oportunidad no sólo de imaginarse la escena sino también usar todo los sentidos interiores, dejando al orante moverse libremente como si estuviera en otra actividad, pudiendo tocar, oler, ver, oír y degustar en la oración. Sea esto posible con la imaginación, con los sentidos espirituales interiores o haciendo uso de los materiales que permitan experimentar esto mientras se realiza la oración; sobre lo último, se refiere a poner la atención en algo que rodee para experimentar en el objeto mismo, al Dios que ama y ha creado todo. Estas metodologías permitirán llevar a la oración las diversas situaciones que surjan de la iniciativa, para confrontarlas con Dios; además de que se dará un paso más en fe para acercarse a Dios.

La religiosa María Dolores Rivera Michel enseña en su segunda etapa de oración personal, dos formas de oración que permiten experimentar lo que se necesita para desarrollar ésta etapa, tanto psicosocial como espiritual. La primera la llama oración de aplicación de sentidos, su metodología consiste en tener la experiencia de Dios con los sentidos interiores de la imaginación y/o los espirituales como si se experimentara con los sentidos corporales. La otra forma de oración la llama oración de presencia de Dios, y la metodología enseña al orante a experimentar y relacionarse con Dios en algo que lo rodee (RIVERA MICHEL, 1978). La madre Dolores Rivera Michel se fundamenta en la contemplación de aplicación de sentidos y en la contemplación para alcanzar el amor que San Ignacio describe en sus ejercicios espirituales (Loyola, 2010).

Las oraciones mencionadas, son claros ejemplos de las formas de oración necesarias para que el desarrollo espiritual ayude a superar ésta tercera etapa psicosocial. Porque permiten tener la iniciativa de imaginar, moverse y crear. Pudiendo en la relación espiritual con Dios, imaginar situaciones, escenas, y actos concretos que al confrontarlos en la oración,

Dios con la experiencia de amor que concede tener, enseña el qué, cuándo y cómo de los actos correctos, sin cortar las iniciativas. Dan también la oportunidad de moverse y probar las nuevas capacidades de la iniciativa, que serían en éste caso sobre el acercamiento que se tiene a la persona de Dios, ya que dan la oportunidad de tener la experiencia de Dios con los sentidos. Y por último, las oraciones en donde la atención se dirige a algo que rodea, permiten ver en lo que rodea un objetivo para amar, sabiendo que el que nos ha amado y enseñado nuestra capacidad de amar se encuentra en todo; experiencia que prepara al orante para amar, por el noble hecho de sentirse amado en todo. No por nada san Ignacio de Loyola llamó a esta forma de oración, la oración para alcanzar el amor (Loyola, 2010) o mejor dicho para aprender a amar.

Aparte que en su historia la persona tiene grabado muchos enojos, guardados por el mal manejo de la culpa como ya se ha expresado éstos enojos son odios reprimidos o proyectados, que en la parte presente del desarrollo espiritual son necesarios trabajar y sanar. La metodología de las formas de oración que se piden para ésta etapa, tiene la oportunidad de adaptar las situaciones, para llevar esos momentos de la propia historia que fueron deteriorados por el mal manejo de la culpa, al llevarlos con Dios en la experiencia de oración, la relación con Él enseña de forma adecuada cual es la propia culpa y que a pesar de ello no hay razón para dejarme de amar, lo mismo hace hacia los otros involucrados, Dios enseña cuáles son sus culpas y no hay razón para dejarlos de amar. El perdón se logra al obtener amor donde no se experimentó, el perdón quita el odio, sin odio no hay enojo. Además que Dios ama y perdona nuestra persona primero para exigir amar y perdonar a los demás.

Sin duda el acercamiento a Dios es cada vez mayor, y estas formas de oración lo demuestran. Por medio de los constantes movimientos del Espíritu, la capacidad espiritual del orante ha crecido en el día a día de fomentar la relación con Dios, se está más habituado al lenguaje espiritual y se es capaz de tener la iniciativa para ser más próximos a Dios en las dudas, en el acercamiento físico, en la imaginación y en el actuar. El niño juega el rol de padre queriéndole imitar, rol que lo prepara para identificar su misma persona y lo que será en el futuro. El rol que se juega ante Dios, enseña en el presente el actuar correcto y la forma de cumplir las iniciativas, para el futuro prepara para alcanzar la madurez espiritual y psicológica e igualmente dispone el rol que se quiere tener con Dios en la vida espiritual madura: vida de plenitud con Él.

Éstas formas abarcan un aspecto más de la actitud, ya no solo el cognitivo, sino también el conativo conductual (Seoane, 1989). Por lo que ya no solo se interioriza en la mente los aspectos de ésta relación amorosa e interpersonal con Dios, además surge en el individuo la necesidad de hacer un acto concreto de amor. Lo cual es importante en la medida que formará una actitud concreta hacia la vida, como ya se mencionó, la actitud de vida es la disposición que tenemos para vivirla en general: cómo verla, cómo sentirla y cómo actuar en ella. Lo importante de ésta nueva actitud que se empieza a formar en éste proceso espiritual, es que se va estableciendo a través de la relación que se está experimentando con Dios. Y es así como se puede decir que se imita a Dios, formando una disposición hacia a la vida concreta y centrada en Él. Es con ésta actitud de vida que los santos se hicieron santos. Esta imitación que lleva a caminar a la plenitud. Y ésta actitud empieza a nacer en el interior al recorrer el camino de la relación personal con Dios. No surge como un milagro aislado, es consecuencia del compromiso de seguir la relación espiritual que se va mencionando.

La relación espiritual constante es la que hará éstos avances en el desarrollo espiritual, y como se dijo antes, para poder lograr los objetivos de avanzar en la espiritualidad y superar las etapas psicosociales no hay una fórmula mágica que hay que pronunciar. Una relación interpersonal continua con Dios es la que logrará éste proceso. Y en ésta etapa la continuidad dará la oportunidad de adquirir la iniciativa y el manejo de la culpa. Dios que me deja crecer porque cree en mí, pero que me corrige, solo de aquello que hice mal o puedo hacer mejor, según los ideales del amor. Eso es lo que se aprende de la relación con Dios en ésta etapa. Para lo cual se necesita ya tener una relación amena y perseverante con Él, porque solo con la persona de confianza se trata lo íntimo del corazón. Y el camino espiritual es intimar con Dios cada vez a mayor profundidad.

CUARTA ETAPA PSICOSOCIAL: LABORIOSIDAD CONTRA INFERIORIDAD

Aprender a hacer bien las cosas sin sentirse menos a pesar del resultado, es la clave en ésta etapa. Porque la siguiente estadía transita entre los 5 y 13 años aproximadamente, y los lugares en el cual se lleva a cabo el desarrollo de la etapa ya no solo es la casa y la familia, el radio de relaciones significativas se amplía al vecindario y la escuela (Erikson E., 1982). Las relaciones con los contemporáneos es mayor y por lo tanto surge una comparación entre lo que yo soy con lo que los demás son, lo que tengo y lo que tienen, lo que hago y lo que hacen, y más aún entre como lo hago y como lo hacen. Comparación que puede hacer sentir al niño competente o incompetente.

Los niños dan mucha importancia a sentirse competentes en el actuar y aprender bien, o ya sea considerarse inferiores por no poder hacerlo (Matthew Linn, 1990). Frente a lo explicado existe el peligro de llegar a sentirse insatisfecho y descontento con la sensación de no ser capaz de hacer cosas, de hacerlas bien o perfectas. Precisamente por estar desarrollando un sentimiento de laboriosidad, la productividad y un sentido de competencia son importantes si son moderadas por el conocimiento que los adultos encargados de ello tengan del niño, a quien todavía le queda mucho por formarse. Éstas determinantes de la etapa, impulsan al niño a aprender las claves de su cultura, tanto a través de la escuela como de los adultos y los niños mayores (Gomezjara, 2010). Por lo tanto el niño pone énfasis en las habilidades necesarias para convertirse en adulto maduro, como son: cuidado personal, trabajo productivo y vida social independiente.

En el actual periodo el infante realiza las adaptaciones que le permiten ganar reconocimiento. Ya que posee una manera infantil de dominar la experiencia social, se interesa por las tareas y por compartir experiencias, por hacer cosas junto con otros, de hacer cosas o de planearlas, y ya no obliga a los demás niños ni provoca su restricción. En su entorno preescolar aprendió a convivir con más niños, y ya en la edad escolar su convivencia aumenta. Otorga su afecto a los maestros, niños y a los padres de otros niños, por lo que los compañeros y los profesores en mayor medida tienen la capacidad de poder hacer sentir competente o inferior al niño.

Críticas duras en ésta etapa, una falta de incentivo por parte de los padres y la escuela, las comparaciones desfavorables además de los fracasos contribuyen y/o pueden llevarlo a desarrollar fuertes sentimientos de inferioridad. Sentimiento que se agranda haciéndolo sentir inferior en otros niveles, suscitando a comparaciones de tipo económica, social, racial e intelectual.

Como la laboriosidad, en su mayor parte se enseña en el entorno escolar, los niños que se sienten inferiores a sus compañeros pueden refugiarse en la seguridad de su familia, deteniendo así su desarrollo cognitivo y social. La frustración de las expectativas de logro y laboriosidad que el individuo tiene, lo lleva a sentirse inferior y producen actitudes de dependencia. El individuo necesita desarrollarse y auto-realizarse empleando sus capacidades, de forma en que su acción sea significativa y reconocida por los demás. De otra manera desarrollará sentimientos de inferioridad, que fijarán una autoimagen empobrecida y una sensación de extrañamiento frente a sí mismo y frente a sus tareas. Y como las etapas psicosociales de las que hablamos son una explicación de cómo se desarrolla la personalidad del individuo, el llevar ésta degradación de la imagen y seguridad propia, dispondrá el comportamiento de la persona con un sentimiento de inferioridad a una actitud de sumisión y dependencia.

Los sistemas escolares, políticos, económicos y sociales dan la oportunidad de sentirse más inferiores que competentes. Desde la escuela sobresalen unos pocos que sacan mejores calificaciones, y todos los demás quedan fuera del reconocimiento. Se pasa la vida intentado producir para ser alguien. La situación se vuelve más grave cuando desde de niños la inferioridad queda marcada fuertemente en la persona; dos caminos se recorre cuando esto sucede: uno de mucho trabajo excesivo, competitivo y compulsivo, para ganarse el amor y reconocimiento; y el otro camino es el de ya no esforzarse porque posiblemente se fracasará.

Laboriosidad es sinónimo de empeño, esfuerzo y dedicación. Mientras que inferioridad va en la idea de sumisión, de incapacidad y de menos alcance (Española, 2003). La clave de la etapa, reside en el esfuerzo que se necesita hacer para aprender a ser alguien productivo y desarrollar las capacidades necesarias que lleven a afirmar la propia persona y a relacionarse mejor con los demás; quedando la inferioridad, sólo como el modo con el cual se pueden medir las propias capacidades, para conocerlas y desarrollarlas. No para medir el valor como personas o la capacidad para poder ser felices o no, sino para mostrar lo que se puede hacer y lo que no, y observar las capacidades de desempeño en cada actividad, todo esto con el único fin de identificar habilidades, para mejorar o especializarse en algo.

Sólo éste sentido de aprendizaje de la etapa, podrá dar el alcance a las capacidades necesarias para desarrollar la personalidad y afirmar el yo individual. Y al conocer lo que se puede hacer, se dará un paso para conocer que se gusta hacer, y no solo se gusta sino que expande la capacidad de amar. Porque cuando vale la pena hacer algo, hacerlo será valioso sin importar el fruto cuantitativo que produzca.

Especializarse en todo y hacer todo bien seria frustrar la personalidad. Esforzarse en lo que se tiene que hacer tendría que bastar para ser reconocido, y el reconocimiento debería alentar la mejoría. Pudiendo ser la utopía que debería haber en los sistemas escolares y en la vida en general. Pero se puede tener en cuenta en la educación que los padres y maestros dan a los niños en esta etapa, ya que de ello dependerá que el niño logre el sentimiento de laboriosidad correcto, que lo lleve a compartir con los demás sus habilidades y deficiencias, no a competir contra ellos; además que lo motive a superar sus deficiencias y así relacionarse mejor, ya no por el miedo a sentirse inadecuado ante los demás, sino por el deseo de compartir. Logrando que la inferioridad se convierta, en un proceso de reconocimiento y discernimiento de las propias habilidades al compararlas con la de los otros, no para denigrarse y sentirse menos, sino para reconocer lo que se es, para después buscar lo que se quiere con lo que se tiene. Evitando el fracaso de sentirse menos pero alentando al niño a superarse cada día más.

Desarrollo espiritual de la cuarta etapa.

La idea de un Dios que me ha creado por amor, que quiere amarme y me da la oportunidad de crecer para aprender a amar, es la que asemeja la espiritualidad con las etapas psicosociales que tratamos aquí. Porque cada etapa psicosocial es un paso al desarrollo de la personalidad, un crecimiento psicológico para relacionarse mejor, y más que eso es un descubrir en cada etapa, una nueva forma de dar y recibir amor al compartir con los demás (Matthew Linn, 1990). Mientras que el desarrollo espiritual consiste en crecer en la relación con Dios, y descubrir en cada paso una nueva forma de dar y recibir amor de Dios, al igual que en las etapas, al crecer y madurar, las nuevas formas de relación serán más íntimas y más plenas.

Eso es lo que sale a relucir cada vez más en el transcurrir de una etapa psicosocial a otra. El niño se desprende poco a poco de los vínculos primarios para seguir el proceso de la individuación (Fromm, 2002) permitiéndole manifestar nuevas formas de relación. Porque al descubrírsele cada vez más su individualidad descubre nuevas capacidades para darse y poder recibir. Con respecto al desarrollo espiritual sucede algo parecido, se van descubriendo estas nuevas capacidades, ya que Dios también invita a crecer dejando descubrir la individualidad. Por eso en la etapa espiritual anterior surge en el interior del orante el deseo de hacer algo, deseo que nace por la experiencia amorosa recibida de Dios, es como esa iniciativa que surge en el niño, pero aquí como una iniciativa de compartir, de dar, de expresar lo que se experimenta en Él. Lo que comúnmente muchos fieles llaman como el deseo de servir, en un apostolado o trabajo de iglesia.

Ahora en la presente etapa del desarrollo espiritual, la relación personal con Dios se encuentra por como terminamos la etapa anterior, pero saliendo un poco de la emoción de la iniciativa donde Dios maneja la culpa con amor, para iniciar un conocimiento de Dios pero de manera afectiva. Afectos concretos, ya no emociones sino sentimientos. La emoción mueve a las relaciones de pareja los primeros meses, pero son los sentimientos que nacen de la convivencia y el conocimiento mutuo los que llevan a una pareja a verdaderos compromisos de vida juntos. Proceso que es común y generalizado en la creación de relaciones maduras, por lo tanto, ese mismo pasar de emociones a sentimientos (afectos concretos) se seguirá en este desarrollo espiritual.

¿Qué tienen que ver los afectos con la laboriosidad de la cual se habla en ésta etapa psicosocial? ¿Por qué hay semejanza entre la etapa espiritual con la etapa psicosocial de la edad escolar? Interiorizar la laboriosidad de forma sana sería en resumen esforzarse por hacer algo, el esfuerzo es lo que debe ser reconocido, y la inferioridad sería un campo de comparación para el desarrollo y discernimiento de habilidades. Pero ¿cuándo realmente el esfuerzo basta para quedar satisfecho, o por lo menos para no sentirse fracasado por lo realizado? El esfuerzo basta cuando lo que se realiza vale la pena hacerlo. Cuando el acto al cual se le pone el empeño nace de un verdadero deseo propio. Cuando el acto en sí nace del amor y expande el yo para compartir y crear una nueva forma de unión; unión libre por amor.

Solo se puede saber si lo que se hace realmente se desea, vale la pena y nace del amor que se tiene para expandir el yo, cuando se conoce lo que se siente, cuando la afectividad es clara y se vive en los actos. Es por eso que la laboriosidad con el afecto se relacionan. El niño empieza a tener la iniciativa de probar todo, hacer de todo e imaginar de todo (etapa de la iniciativa), pero se esfuerza por hacer algo en la etapa de la laboriosidad, primero porque está aprendiendo y lo mueve el deseo de compartir con alguien, además de las ganas de pertenecer a una sociedad que lo prepara para producir. Luego en la siguiente etapa de su crecimiento, querrá saber qué es lo que desea hacer y cómo hacerlo para ser el mismo y obtener su identidad. Es necesario que en ésta etapa del hacer descubra que, más importante que el hacer por hacer y producir, es el hacer por desear hacer y estar satisfecho con lo que se hace. Sólo ello podrá llevar a la persona, en gran medida, a saberse conocer y descubrir su identidad en la siguiente etapa.

Lograr descubrir el sentimiento indicado para realizar algo, dinamizará y animará a la mejora continua de los actos. Podrá formar una laboriosidad regulada, sin tener que ser compulsivo o competitivo para ganar el reconocimiento, o sentirse sin deseos de esforzarse por miedo al fracaso.

En lo que se refiere a la semejanza entre la etapa psicosocial con la etapa de desarrollo espiritual, el niño tiene ya la necesidad de compartir experiencias, de incluirse en la sociedad, y de planear actos para poder hacerlos. Ya en el desarrollo espiritual anterior, nacía en el orante la necesidad de crear y la iniciativa salía a relucir. Después de ser enseñados un poco más sobre las cosas del hacer, donde, de la confianza nacida del amor incondicional, los propios deseos de amar salían de la autonomía y se querían llevar a cabo con nuevas iniciativas, ahora en ésta etapa espiritual la relación interpersonal con Dios descubrirá el gusto (el afecto) por lo que se realiza o se tiene que hacer. Que en lo correspondiente a lo espiritual, el hacer va en el seguimiento de Dios como una actitud concreta de vida. Sin olvidar que en la espiritualidad de la cual se habla, las experiencias se trasportan a toda la dimensión humana (OCD, 2007), por lo que dará frutos tanto espirituales como sociales, psicológicos y físicos.

Se puede decir que Dios en el presente momento de la espiritualidad, también impulsa al orante a relacionarse de una mejor forma, llevándolo a intimidar con Él ya no con la cabeza ni con la emoción; deja que experimente su cercanía a través de los afectos y deseos que mueven a Dios mismo a actuar así como Él actúa. El orante al verse frente a la afectividad de Dios, se le abren muchas enseñanzas, entre las más importantes serían: que los actos que realiza nacen de su afectividad, no por obligación ni por recibir reconocimiento, nacen por el deseo infinito que tiene de amar; que en cada acción ve una oportunidad para amar, por lo que su esfuerzo y dedicación es el mejor, en esto ésta su reconocimiento, en que el acto mismo ya valió la pena; y que a pesar de ser Dios y puede hacerlo todo, solo hace lo que le corresponde, dejando ser libre a su objeto de amor, puede especializarse en todo, pero solo se especializa en lo que le permite amar de verdad.

Al aprender dicha dinámica, la laboriosidad empieza a ser la correcta: realizando cada acción con verdaderos deseos, asentando todo el esfuerzo y dedicación en lo que se realiza porque es una oportunidad para crecer en el amor; pero también aclarando que no se puede hacer todo bien ni especializarse en todo, sólo en aquello que sale del interior mismo, expandiendo el ser con actos de verdadero amor. Esto claramente evita esa inferioridad que degrada la autoestima y disminuye la seguridad en uno mismo, porque sin importar el resultado el acto por el afecto que lo suscita será ya una ganancia, crecimiento del yo y desarrollo de la personalidad.

Sobre el tipo de oración que se desprende de ésta etapa del desarrollo espiritual, no es más que profundizar en la oración mental, dando un paso a otro grado de oración, que el padre de la Cloriviere llama la oración afectiva (P. Pedro José de la Cloriviere, 1778). Grado de oración que se basa en dejar de depender de las meditaciones y pasar a tener experiencias de Dios que se relacionan con los sentimientos y afectos, de ahí el nombre. El desprenderse de la mente para acallar un poco más el interior dejando solo los sentimientos como el medio de relación con Dios, es dar un paso más en la profundidad del trato con Él. Un Dios que su lenguaje es invisible, sin palabras ni conceptos, por lo que los afectos en éste grado de oración, acercan a un mejor entendimiento del lenguaje espiritual.

Éste grado y forma de oración permitirá adentrarse en el conocimiento afectivo de Dios para confrontar los propios afectos con los de Él. Confrontación que llevara a la luz no solo el conocimiento de los afectos de Dios sino también los propios. El crecimiento espiritual del grado de oración afectiva consiste en que los propios afectos se unan a los afectos de Dios, ya que durante la meditación los pensamientos y emociones se fueron confrontando con los de Dios y por la experiencia amorosa fueron haciéndose uno mismo en libertad y espontaneidad, ahora en la oración afectiva los afectos se unirán a los de Dios por el deseo de amar que nace del interior. El crecimiento humano se dará cuando al confrontarse con los afectos de Dios se descubran cuáles son los verdaderos afectos del orante; descubrimiento que le aportará conocimiento de sí mismo, de sus deseos y de sus ganas para hacer las cosas, formando una actitud concreta hacia la vida.

¿Cómo saber cuáles son los afectos de Dios? El conocimiento de la persona de Dios da la idea de cuáles son sus actitudes concretas para con las cosas, saber que ama y que defiende a su objeto amado, aborreciendo cualquier daño y degradación de lo que ama. Permitiendo suponer con la misma lógica, que cada afecto positivo de Dios también proveerá el conocimiento del negativo, por ejemplo, de lo que se alegra, de lo contrario se entristece.

¿Cómo ayuda el desarrollo espiritual a superar ésta etapa psicosocial? Ya se ha dicho como el ver la afectividad de Dios enseñará tres cosas importantes para un buen entendimiento de la laboriosidad, dejando a un lado esa inferioridad denigrante de la personalidad, y que los afectos llevarán al orante a realizar actos que nazcan de sí mismo y valgan la pena no por el resultado sino por lo que significan. El desarrollo espiritual hasta aquí, ayuda a formar en buena manera la laboriosidad y la inferioridad.

Sólo queda agregar que en ésta etapa espiritual, es de mucha ayuda adecuar la afectividad que se experimenta en la oración afectiva, para poder llevar a la oración aquellas situaciones donde la laboriosidad fue dañada dejando grabado un acontecimiento de inferioridad en la persona. Los acontecimientos de inferioridad se generan porque alguien rechazó lo que se hacía, o degradó el esfuerzo con una crítica o regaño severo. Eso hace sentirse menos e incompetentes, por lo que Dios con su afectividad demostrada hacia la persona, amará lo que es, amará lo que hizo y lo alentará a mejorar sin dejar de creer en él. La corrección afectiva (porque pueden ser necesarios diferentes afectos, hasta afectos contrarios a los positivos pero con raíz en el amor, según el acontecimiento y el acto específico), sanará aquella inferioridad porque se experimentará en los afectos, una comprensión y aceptación amorosa de Dios, en aquellos momentos donde se sintió lo contrario, además de alentar la mejora porque Él cree en la persona misma.

En lo psicológico, expresarle a Dios esa inferioridad experimentada en la situación específica que la generó, expondrá el afecto que se necesita para afirmar el yo y restaurar la autoestima y la autoimagen. El proceso de restauración puede acortarse con el sólo hecho de saber lo que se necesita restaurar. Y en la dirección espiritual, es necesario llevar al dirigido a tener estas experiencias afectivas que restauran su pasado, para que en su presente, la relación con Dios profundice aún más. Aclarando que mientras más se experimenten los afectos de Dios, es decir, más se experimente la oración afectiva en el interior, más los frutos se sentirán y mayor facilidad habrá para lograr la restauración mencionada. La adecuación de la que se habla para llevar los afectos a situaciones dolorosas que dañaron la laboriosidad, no están lejos o en gran diferencia, a las adecuaciones de las oraciones de grado de meditación, en donde se realizaban para restaurar situaciones dolorosas (mencionado en la segunda etapa de desarrollo espiritual), pudiendo ser hasta la misma metodología pero en este grado afectivo, sólo que la restauración aquí se sentirá en lo profundo de los afectos con los frutos y consecuencias que se acaban de mencionar.

QUINTA ETAPA PSICOSOCIAL: IDENTIDAD CONTRA CONFUSIÓN DE IDENTIDAD

La adolescencia es la etapa de transición entre ser niño y convertirse en adulto. Se empieza a dejar de ser niño, marcando el término de una existencia segura, para comenzar a ser adulto entrando en una nueva realidad. A ésta etapa psicosocial Erikson la ubica en la adolescencia suponiendo una edad aproximada entre los 12 y 18 años (Erikson E., 1982). Suponiendo la aproximación porque a la adolescencia dependiendo de los puntos de vistas dependerá el plazo de tiempo que se le dé. Endocrinólogos y neurólogos pueden definirla en términos de crecimiento, como un desarrollo muscular y nervioso, prolongándola has los 20 años. Los sociólogos pueden decir que adolescentes son hasta los estudiantes prolongados que viven en casa de sus padres aún después de la mayoría de edad. Los psicólogos la reducen como el final de la infancia (Dolto). Pero lo que es claro es que la adolescencia es una transición de niño a adulto, en toda la estructura que define al hombre, tanto en lo correspondiente a lo físico-biológico, lo social, lo psicológico y lo espiritual.

Por lo tanto la etapa psicosocial, se especifica en la crisis de identidad contra la confusión de la misma, que se produce en la transición mencionada como adolescencia, y el radio de relaciones significativas para ésta estadía va desde todos los grupos al cual se pertenezca hasta todos los modelos de liderazgo con los cuales se cuente (Erikson E., The Life Cycle Completed, 1982). En los diferentes tipos de roles que desempeñe él adolescente se le presentará la oportunidad de aprender a ser adulto, este aprendizaje será difícil a razón que toda su experiencia se basa en su niñez, y en el momento actual de su desarrollo es un nuevo nacimiento a la vida adulta. Inicia sin práctica, ya cuando se había adaptado a producir y relacionarse como niño, se encuentra a la deriva teniendo que ser adulto. La confusión de la identidad llega en todos las áreas de crecimiento, presentándose el desconcierto de ya no verse como un niño pero no ser completamente un adulto, de ya no pensar como un niño pero no saber pensar como un adulto, de ya no querer relacionarse como niño pero no tener la facilidad de palabras y congruencias para expresarse como adulto, además de no saber si lo que creé y valora es de sus padres o de él.

Lograr la identidad del yo es la meta a alcanzar en la presente etapa psicosocial, desarrollar y formar al individuo que se es, es lo que Erikson pretende explicar en ésta crisis de identidad contra confusión de roles (Erikson E., 1968).

Es un período difícil, casi tan difícil como volver a nacer. Etapa de cierta confusión, pruebas, elecciones diferentes, exploración y búsqueda;

los cambios físicos, las elecciones de carrera y profesión, nuevos grupos para integrarse y diferentes roles que aceptar. Hay nuevas y diversas actividades como la relación con el sexo opuesto y el enamoramiento, donde el joven y la joven van conociendo su propia identidad y clarificando su yo. Momentos de identificaciones con aquello que les gusta y diferencias con aquello que les disgusta, e indiferencia con aquello que no se ajusta a sus experiencias y expectativas; se puede mencionar que muchas veces hay una rebelión de los adolescentes o una aceptación de la autoridad sin reflexión alguna, lo que Erikson llama una conciencia autocrática (Erikson E., Identity and The Life Cycle, 1959) cuando se define a uno mismo por los valores de las autoridades y lo contrario a esto que es rebelarse rotundamente sin saber por qué.

Es importante hacer mención que hay diferencias en la formación de identidades entre la mujer y el hombre. Diferencias que podrían originarse desde la infancia, en la que la principal nutriente es la madre. Siendo pequeñas las niñas experimentan su identidad de género como algo continuo o de conexión al de sus madres. Pero para los muchachos el definir su género masculino, supone empezar por verse diferentes o separados de sus madres (Matthew Linn, 1990). Por lo que la identidad masculina tiende a definirse por la separación, mientras que la femenina lo hace a través de la conexión (Chodorow, 1978).

Para completar la etapa de desarrollo de la personalidad, destacan áreas importantes que son la del desarrollo sexual, la pertenencia a un grupo con la elección de la ocupación y la formación de los propios valores (Diane E. Papalia, 2009).

Formar una identidad sexual, donde uno se conoce y aprende a relacionarse desde su propia feminidad o masculinidad, hace brotar de la persona la posibilidad de abrirse al afecto y a vinculaciones nuevas con el sexo opuesto, haciendo buen uso de las capacidades y deseos en ésta nueva forma de relación, sin desviarse a la represión ni generarse promiscuidad y depravación sexual.

La pertenencia a un grupo afirma la identidad del adolescente, sintiéndose aceptado y querido; la dificultad está en encontrar un grupo que le permita crecer y formarse sin desviarse a situaciones de riesgo que mucho corren los jóvenes en la etapa presente, para lograrlo el adolescente echará mano de los frutos o fallos obtenidos de las etapas anteriores, de ello y de una buena relación con los padres dependerá ser acertivos en la elección del grupo de pertenencia, de la elección de la ocupación y demás decisiones para su futuro.

Sobre la formación de los propios valores, el adolescente, tendrá que pasar por un proceso de asimilación reflexiva respecto a los valores aprendidos en casa, por lo que la rebeldía, desacuerdos y controversias serán más probables en esta etapa; solo la buena enseñanza de los valores tanto en la etapa correspondiente pero también en las anteriores unido a la comprensión y buena comunicación de parte de los padres, darán la pauta que se necesita para que los jóvenes en éste proceso de reflexión regresen a los valores enseñados con anterioridad, ya no por implantación sino por aceptación y decisión propia. Si no se forman valores propios, se seguirán tomando decisiones solamente en base a lo que se les manda o exige (autocracia de conciencia) o sólo para llevar la contraria (rebeldía).

Definir la identidad es lo que se busca, y los tres aspectos que se acaban de mencionar quieren eso. Concretar lo que uno es, es lo que se escruta en cada uno de los nuevos roles que nacen en esta edad. Soy lo que sé, lo que tengo, lo que hago, el grupo al que pertenezco y como me veo son solo medios para poder aprender a ser uno mismo y decir, esto soy como un concepto coherente del yo: Yo soy yo. Lograrlo es tener una propia identidad, tener identidad es empezar a ser adulto, y empezar a ser adulto significa que ya se realizó la transición de niño a adulto.

Desarrollo espiritual de la quinta etapa.

"Conozco a Dios, entiendo quién es, se cómo actúa, veo lo que hace, comprendo lo que siente pero, ¿quién soy yo?"

Ya el crecimiento espiritual ha dado apertura a que el orante genere la confianza en sí mismo, porque Dios le ama con una incondicionalidad que le afirma dicha confianza; ya ha confrontado sus ideas, y Dios ha contribuido a su autonomía dejándolo decidir pero enseñándole lo bueno y lo malo; ya ha tenido la iniciativa para generar actos espontáneos de amor, y Dios cree en él corrigiéndolo con el manejo de la culpa; ya ha trabajado y puesto su empeño en acciones concretas, y Dios le ayuda a realizar los actos por verdaderos afectos, para que valgan la pena a pesar del resultado.

Ahora, espiritualmente, se está listo para dar el gran paso en fe a lo desconocido, caminar hacia lo que no se puede ver, amar lo que no se puede contener, oír al que habla en el silencio amoroso, sentir al que no tiene forma. Listo para mudarse de la relación espiritual que se da por las potencias del alma, y pasar a la comunicación puramente espiritual, donde las potencias se adormecen dejándose guiar por el Soplo Divino. Aunque a ésta etapa que se asemeja a la de la adolescencia, se entra con la oración afectiva, pronto el espíritu de la oración empuja a penetrar por los caminos de la vida mística contemplativa. He aquí la relación de la etapa espiritual con la etapa psicosocial de la identidad contra la confusión de roles. Es una transición de la vida de oración mental activa a la vida de oración mental pasiva; podría decirse que es como dejar de ser niños en la relación con Dios y empezar a ser adultos para relacionarse con Él.

Ya desde la etapa psicosocial de la laboriosidad (edad escolar) los ciclos de edades se alargaron. En las primeras consistían en dos años aproximadamente, pero en las últimas dos son más de 6 años. Correspondiente al crecimiento espiritual no hay aproximación de años que se puedan dar, dado que la disposición del orante y la gracia que Dios infunde serán difíciles de poder medir, no obstante, es cierto ya que los avances espirituales tendrán que ser en pasos firmes y que la dedicación será mayor para ver los frutos, porque ya la oración empieza a dejar de depender de la persona misma, para dejarse guiar más por el Espíritu. Entonces el lapso que tome crecer, ya de la transición que se inicia con el grado afectivo, para poder pasar a lo contemplativo y místico será una cuestión libre del tiempo que la Gracia infunda en cada hombre. La disposición deberá ser más constante y duradera en cada momento de oración para poder experimentar tanto la oración afectiva como para poder pasar a la oración pasiva. Ya la oración ha dejado de realizarse con la mente para transitar por los afectos y llegar al alma. Cosa en la que el orante no puede controlar y no se encuentra tan adecuado a tales oraciones, por lo que el espacio en la oración se alarga para poder profundizar.

Lo que iguala a la etapa espiritual con la adolescencia, como ya se empezó a mencionar, es que la relación con Dios empieza a dar unos vistazos ya a la relación pasiva, que vendría siendo como la relación adulta con Él, pero como todavía uno va preparándose para ésta manera de relación íntima, sería como la adolescencia espiritual, donde se empieza a dejar la oración activa (nuestra niñez) e inicia la entrada a la oración contemplativa (ser adulto).

Puede mencionarse que al igual que en la etapa psicosocial, también en el presente momento del desarrollo espiritual son necesario tres cosas importantes: identidad espiritual, pertenencia a un grupo y la formación de los propios valores. Solo que ahora, a diferencia de la etapa psicosocial, primero hay que iniciar con la reflexión de los valores morales y espirituales para hacerlos propios, de ellos dependerá realmente el sentirse perteneciente al grupo religioso donde se comparten éstos valores que se hacen propios, para decir posteriormente ésta es mi identidad espiritual.

En éste momento del desarrollo espiritual ya no es válida una vida moral obligada, al contrario la reflexión de los mandamientos y normas se hacen a profundidad, para que se conviertan en propios a través de la experiencia de amor que se ha tenido en el camino. Se descubren que muchas normas religiosas se cumplieron por miedo y otras por ignorancia, sin embargo es en éste momento donde la reflexión experiencial lleva a descubrir que las normas son o no son el camino donde mejor se expresa el amor. Si así sucede, las normas y valores religiosos se incluirán en la propia persona. Depende mucho de la filosofía e ideología de lo que se cree y de cómo se enseña para poder asegurar el regreso a los valores primarios que se enseñaron en el iniciar religioso. Los directores espirituales deberán estar listos y seguros tanto experiencial como intelectualmente para dar luz y llevar a los dirigidos por el camino correcto, donde el dirigido enlace su experiencia de amor con los valores y mandamientos que se enseñan, porque éstos, estarán en constante reflexión entre la rebeldía y la conciencia autocrática, es decir, el orante a tales valores los rechazaba porque no tenía la verdadera experiencia de amor y a otros valores los aceptaba por miedo, no por amor.

Cuando se adquieren valores propios se hace posible definir el grupo en el cual se pueden compartir tales valores y normas espirituales. No porque antes no se asistiera a un grupo religioso, sino que ahora se pertenecerá o no a conciencia. Esta pertenencia a un grupo de forma consciente, hace tomar la responsabilidad propia de lo que significa seguir o estar en una religión, pasando de ser un simple adepto a una religión o iglesia a un seguidor de Dios integrado a un grupo de manera comprometida y responsable, porque así se experimenta desde el interior como parte de un yo coherente.

Un compromiso y responsabilidad de pertenecer a algo porque el interior lo dicta a través de la experiencia obtenida, muestra la identidad espiritual. Define a la persona con respecto a lo que creé, busca, actúa y es. Consistencia cognitiva, espiritual y conductual que le hace desarrollar espiritualmente la identidad para caminar a la vida adulta.

Esta identidad espiritual a diferencia a la identidad de la que se habla en la etapa psicosocial, donde la forma de desarrollarla tanto en la mujer como en el hombre eran diferentes, no toma caminos separados porque Dios es una relación de madre y padre, de incondicionalidad y esfuerzo, es decir, es un Dios que abarca un amor de hombre y mujer por lo que desarrolla la identidad de ambas formas. Es cierto que probablemente el hombre verá más a un Dios fuera de él (trascendente) y una mujer más a un Dios que vive dentro de ella (inmanente). Pero la identidad espiritual abarcará las dos formas de verlo en una espiritualidad ascendente y descendente, donde la trascendencia y la inmanencia se relacionan cuando la experiencia de amor que Dios da es incondicional pero motiva a esforzarse para mejorar. Así que la experiencia de Dios, que se va obteniendo en el desarrollo espiritual, producirá el desarrollo de la identidad espiritual por medio de un amor maternal y paternal, uno a mayor medida que el otro según sea necesario en cada individuo.

Sobre el tipo, grado y forma de oración en esta etapa de desarrollo espiritual.

Se adelantó que al momento llegado del caminar espiritual, el espíritu de Dios empieza a invitar a la vida mística contemplativa. Significando que se continúa en la oración de tipo mental, pero se avanza un paso en el grado, dejando la oración afectiva como transitoria de la oración activa y pasiva, para iniciar el grado de la oración contemplativa (pasiva). Aunque cierto es que no se está acostumbrado a ésta forma de relacionarse con Dios, por lo que por momentos el orante se encuentra en la oración activa y por momentos en la oración pasiva.

Dos formas de orar son las que se presentan en la etapa actual. La primera es la que refleja el conflicto del adolescente que ya no es niño pero tampoco adulto; forma de oración que se conoce como oración de recogimiento o de simple mirada, y consiste en recoger las potencias, más aún, echar manos de ellas para experimentar en el alma la presencia simple y amorosa de Dios, pero no se desecha completamente la meditación, porque por momentos uno se siente dentro de la presencia pasiva de Dios y en momentos uno se encuentra en una meditación activa. El padre Pedro José de la Cloriviere, S.J. dice:

En la oración de recogimiento, las facultades obran, pero su acción es menos, distinta, más delicada, más íntima, más desprendida de los sentidos que en las anteriores. Ésta acción no consiste más que en recordar la presencia del Señor, a quien el alma busca dentro de sí misma y en desechar suavemente cualquier otro pensamiento que pudiera distraerla del único objeto que posee su amor. No se está menos atento al asunto de la meditación porque ayuda al recogimiento. La memoria lo recuerda, el entendimiento lo considera, la voluntad lo quiere; pero todo esto lo hace casi imperceptiblemente. De ordinario, basta una mirada, por lo que a éste tipo de oración se le da el nombre de simple mirada (P. Pedro José de la Cloriviere, 1778).

Recomendable para entenderlo es imaginar que en la oración que se describe aquí, el alma se encuentra por ratos frente a Dios y por ratos se encuentra meditando. Por ratos en la pasividad del alma y por ratos en la actividad de la mente. Pero lo que es cierto es que se adentra ya al grado de la oración contemplativa, igual y no todo el tiempo de la oración, no obstante los pequeños instantes de esa simple mirada de Dios al alma, son ya una relación mística con Dios.

Experimentar ésta forma de oración, es ya una invitación a la vida contemplativa, dejar de ser un niño en el camino espiritual para convertirse en adulto. Por momentos uno se puede sentir abatido por el adelanto y el regreso que se experimenta en la etapa. Ya la meditación no produce el gusto de antes pero no se es fácil quedarse en la contemplación, similar al joven que ya eso de ser tratado como niño no le gusta, pero no se le es posible aún ser el adulto que desea.

En ésta forma de oración se vive el conflicto del adolescente, pero se vive de una manera espiritual. Experimentar la oración de recogimiento de forma continua y por el tiempo que sea necesario según Dios y la propia disposición, poco a poco irá entrenando al alma para mantenerse en la vida contemplativa de la oración. Superar las dificultades, así como superar la dificultad de la adolescencia, producirá en el orante la identidad espiritual: pudiendo decir que es él ante Dios. Ya no imágenes, conceptos, ideas, discursos. La persona completa, el propio yo, el alma que se relaciona con Dios.

Definir esto tanto en el ámbito de la etapa psicosocial como el ámbito espiritual, conlleva a poder definir la identidad que se encontraba confundida en los diferentes roles. Encontrar la propia personalidad permite descubrirse a uno mismo. Y en lo espiritual reconocer a nuestra propia persona ante Dios, es descubrir la esencia de lo que se es y esto es encontrar la propia alma. Poner el alma en presencia de Dios es poder no solo experimentar la simple mirada de Dios sino su Ser ante el propio ser. Mi yo ante el YO SOY. Sería dejar atrás la transición de niño a adulto, y estar listo para ser adulto. Sería dejar atrás la vida activa de la oración para penetrar en la contemplación mística de Dios.

Estar listo para ello, es estar listo para la forma de oración con la cual se concluye la etapa de la adolescencia e inicia la edad adulta espiritualmente hablando, es decir, entrar a la oración de quietud. Esta consiste ya en permanecer el alma ante Dios. Sobre la oración de quietud el padre Pedro José de la Cloriviere, S.J. dice:

El recogimiento pasivo que se ha hablado, es el que el Señor obra en el alma, sin que el entendimiento ni la voluntad contribuyan en nada, sino solamente por la aceptación de estos dones. Este recogimiento, decimos, que no era más que pasajero en estado precedente, se vuelve habitual en la oración de quietud; es su base.

Cuando el alma se presenta a la oración, aun cuando tenga el designio de ocuparse en algún asunto en particular, se encuentra íntimamente, sin saber cómo, recogida dentro de sí misma, con un suave sentimiento de la presencia de nuestro Señor.

Este sentimiento, es verdad, no está bien explícito; pero la paz y la suavidad que lo acompañan, persuaden al alma de que el amado está cerca, que Él mismo viene a darle testimonios de su amor, que en vano es buscarlo en otra parte y que entonces no debe pensar más que en gozar de la felicidad que se le ofrece (P. Pedro José de la Cloriviere, 1778).

Es con ésta forma de orar con la cual concluye la etapa; porque concluir ésta etapa tanto espiritual como psicosocialmente, significa estar listo para ser adulto. En lo correspondiente a lo psicosocial, se logra la identidad. Y en lo espiritual se logra estar en esencia ante Dios: lo que soy ante lo que es Dios. Ya ahora se empieza a hablar el leguaje de Dios que es invisible, sin palabras ni conceptos. Listo para una nueva forma de amar y recibir amor, una nueva forma de relacionarse con Dios.

¿Cómo este crecimiento espiritual ayuda ha superar aquellas confusiones de identidad que impiden ser un adulto maduro?

Las confusiones de identidad que se tuvieron en la adolescencia, muchas veces llevaron a equivocarse y a hacer cosas que tal vez no se tuvieron que haber hecho. Además que en ocasiones existe un retraimiento por el miedo y la incertidumbre de no saber ser un adulto todavía, quedándose atrapado en ésta etapa por la soledad y el rechazo de los grupos a los cuales se quiso pertenecer. También las relaciones con los jóvenes del sexo opuesto pudieron marcar la adolescencia, dejando recuerdos de rechazo o incongruencia con lo que se es (hice cosas que no quería hacer por querer sentirme querido y valorado), y las experiencias sexuales no fueron del todo sanas o se reprimieron por no saber el verdadero significado del amor expresado en la sexualidad.

Siendo cosas que marcan al adolescente, y aún al pasar de los años dejan secuelas en la identidad. Algunas veces vergüenza, inadaptación, rechazo o soledad produciendo un sentimiento que impide crecer y madurar, ser un adulto y poder compartir desde la propia identidad.

Al dejarse estar ante Dios en éste grado de oración y especialmente con éstas formas de oración que se acaban de explicar, algo sorprendente pasa en el orante. La simple presencia de un Dios que está deseoso de amarle, le hace experimentar una aceptación y afirmación de su identidad, porque en la oración de recogimiento, Dios en esa presencia comienza a darle al orante esa comprensión y aceptación de todo su ser, perdonándole los errores de su confusión, acogiéndolo, y valorando todo lo que él es. Para que en la oración de quietud se sienta totalmente afirmado.

Esta afirmación que solo se puede recibir del otro, es la que Dios da en estas experiencias. Afirmación que sólo una persona que se conmueve en su interior de lo que somos puede darnos, porque libremente la entrega. Y Dios se conmueve de todo el ser, afirmándolo con verdadero amor. Al afirmarlo consolida fuertemente la identidad.

Un Dios que mira con un amor, y que con esa mirada en el alma donde se encuentra todo lo que uno es, hace sentir al orante perdonado, a pesar de haber desviado el camino por las confusiones de la identidad; porque espera al orante como al hijo pródigo, quitándole esa vergüenza por los errores cometidos. Y en la línea de las relaciones de pareja y experiencias sexuales, el hecho de relacionarse con Dios en el alma, ubican lo que es relacionarse de verdad y comprender que compartir la intimidad es compartir la esencia de la persona. Superando así los impedimentos que detienen la madurez y no dejan compartir la identidad.

EDAD ADULTA: FRUTO DEL CRECIMIENTO Y DESARROLLO PSICOSOCIAL

Al paso de las etapas anteriores la persona se fue preparando para la etapa presente: la etapa de ser adultos. La confianza, la autonomía, la iniciativa y la laboriosidad, fueron para formar una identidad propia (Erikson E. H., 1950), y con ésta identidad poder intimar con las demás personas, es decir, compartir lo que uno es completamente para formar un nosotros.

La etapa del adulto joven tiene como crisis psicosocial la intimidad contra el aislamiento, donde el radio de relaciones se encuentra con los amigos, la relación amorosa y la cooperación (Erikson E., The Life Cycle Completed, 1982). Lograr relacionarse profunda e íntimamente es sinónimo de alcanzar la madurez y ser adulto. Esa relación profunda con lo que se hace, con las amistades, con las relaciones amorosas, con el entorno, con el mundo y con lo que se cree.

Todas las etapas que fueron pasando darán la ayuda o el impedimento para lograr intimar o para aislarse. El objetivo del caminar espiritual y psicosocial que se ha tenido es el lograr la madurez, pudiendo llegar a ser un adulto a través de un proceso de crecimiento espiritual que fortalezca o forme cada una de las etapas psicosociales. Por lo que en la etapa de adulto, a la cual se ha logrado llegar, sólo queda aprender a formar vínculos que permitan compartir lo que se es (la identidad), y en la cooperación formar un nosotros.

Pero para poder compartir con el otro en ésta forma de relación, que es la intimidad, se necesita primero una seria conciencia de la propia persona, en tanto en los sentimientos, miedos, desilusiones y sueños. Sin el conocimiento propio no se tendrá un ser real que compartir, por lo tanto, sólo se andaría mostrando caretas de identidades falsas (consciente o inconscientemente).

Erikson define el principal compromiso de la intimidad como una afiliación concreta, que puede implicar significativos sacrificios y responsabilidades (Erikson E., The Life Cycle Completed, 1982). Esa es la base para formar una relación de pareja, de familia, de amistad, de trabajo y de comunidad.

Intimar con alguien o algo sería entonces poder compartir lo que se es completa e íntegramente, para afirmar y ser afirmado en el amor y la aceptación, comprometiéndose a crecer y dejar crecer, pero sobre todo dándose a uno mismo para crear un nosotros. Todo eso en razón de no perder la identidad y personalidad propias, sino en expandir las propias potencias al compartirlas.

Ésta nueva forma de vincularse y relacionarse, es a lo que Erich Fromm se refiere cuando propone la espontaneidad para superar el aislamiento que produce la libertad:

Creemos... que el proceso del desarrollo de la libertad no constituye un circulo vicioso, y que el hombre puede ser libre sin hallarse solo; crítico sin hechizarse de dudas; independiente sin dejar de formar parte de la humanidad. Ésta libertad el hombre puede alcanzarla realizando su yo, siendo lo que realmente es. ¿En qué consiste la realización del yo?... creemos que la realización del yo se alcanza no solamente por el pensamiento, sino por la personalidad total del hombre, por la expresión activa de sus potencialidades emocionales e intelectuales (Fromm, 2002).

Personalidad que se ha venido formando por el caminar de las etapas de la vida. Y sólo el conocimiento propio, da la oportunidad de conocer éstas potencialidades que abarcan la integridad de toda la persona humana. Fromm continúa diciendo:

Éstas potencialidades se hallan presentes en todos, pero se actualizan sólo en la medida en que lleguen a expresarse (Fromm, 2002).

Las potencias humanas se han ido desarrollando durante el proceso de relación de la propia persona con Dios, y durante las etapas psicosociales con el radio de relaciones significativas de cada etapa. Regresando a Fromm, dice:

La libertad positiva consiste en la actividad espontánea de la personalidad total integrada...La actividad espontánea es libre actividad del yo e implica, desde el punto de vista psicológico, el significado literal inherente a la palabra latina sponte: el ejercicio de la propia y libre voluntad. Al hablar de actividad no nos referimos al hacer algo, sino a aquel carácter creador que puede hallarse tanto en las experiencias emocionales, intelectuales y sensibles, como en el ejercicio de la propia voluntad. Una de las premisas de ésta espontaneidad reside en la aceptación de la personalidad total... porque la actividad espontánea tan solo es posible si el hombre no reprime partes esenciales de su yo, si llega a ser transparente para sí mismo y si las distintas esferas de la vida han alcanzado una integración fundamental (Fromm, 2002).

En el proceso de relación con Dios y desarrollo de las etapas psicosociales, se ha dejado que el avance espiritual vaya haciendo crecer a todas las áreas que integran al hombre, especialmente la psicológica y social. Con la finalidad de estar listo para ésta forma de relación de intimidad por la espontaneidad del amor. Así mismo la relación interpersonal con Dios por la interiorización en la cual se da, va creando la transparencia que hace posible el conocimiento de uno mismo. Además que como cada etapa psicosocial se va fortaleciendo en el avanzar del camino espiritual, aquellas cosas que detuvieron la madurez y el crecimiento del individuo, se fueron superando a través de una relación sana y amorosa que se experimenta en Dios. Por lo que ahora, se está listo para relacionarse íntimamente con ésta forma espontánea que Fromm dice y continúa expresando que:

La actividad espontánea es el único camino por el cual el hombre puede superar el terror de la soledad sin sacrificar la integridad del yo; puesto que en la espontánea realización del yo es donde el individuo vuelve a unirse con el hombre, con la naturaleza, con sí mismo (Fromm, 2002).

En el momento de la presente etapa se busca, tanto espiritual como psicosocialmente, crear la intimidad que se necesita para madurar, relacionándose de verdad con la creación de vínculos donde todo el ser se comprometa para amar. Compromiso que trae sacrificio y responsabilidades como antes se dijo, pero también trae expansión de la misma persona, convirtiéndolos en hombres y mujeres plenos. Hacer relaciones a través de compromisos de amor y esfuerzo, clarifica, que intimidad no es sinónimo de expresiones sexuales o de implicaciones románticas, al contrario, intimidad es esa espontaneidad que expresa "mi persona" y lo comparte en un rango variado de relaciones.

Compromiso de amor y esfuerzo fue lo que se aprendió al relacionarse con un Dios que ama incondicionalmente, pero que requiere del propio esfuerzo para crecer y desarrollar a la persona. Por eso cuando Fromm habla de los componentes de la espontaneidad dice que:

El amor es el componente fundamental de tal espontaneidad; no ya el amor como disolución del yo en otra persona, no ya el amor como posesión, sino el amor como afirmación espontánea del otro, como unión del individuo con los otros sobre la base de la preservación del yo individual... El otro componente es el trabajo: no ya el trabajo como actividad compulsiva dirigida a evadir la soledad, no el trabajo como relación de dominación y adoración con la naturaleza, sino el trabajo como creación, es el que el hombre, en el acto de crear, se unifica con la naturaleza (Fromm, 2002).

Ahora se sabe que el desarrollo de la relación interpersonal con Dios ha preparado para ésta forma de intimar con lo que rodea, creando vínculos de relaciones espontáneas fundadas en el trabajo y el amor. Listos para ser adultos y relacionarse con lo demás de una forma libre y unificadora, listos tanto en el yo individual como en las potencialidades humanas. Preparados para crear relaciones que den plenitud a la existencia, haciendo crecer y expandiendo a la persona misma.

Al crear las relaciones espontáneas por amor y esfuerzo (trabajo), no solamente el yo crece, sino también al amar se permite fortalecer y activar el yo del otro. A la medida en la que a cada uno Dios le permite crecer, por relacionarse con Él con su madurez y su plenitud, igualmente cada uno al relacionarse maduros, firmes e íntegros, da la oportunidad de que los demás crezcan. Concluyendo que cada etapa de desarrollo en la relación con Dios como el desarrollo psicosocial, no es más que aprender una mejor forma de recibir y dar amor tanto de Dios como de todo lo que rodea, hasta poder llegar a recibir y dar amor con madurez. Como un adulto creando relaciones de intima conexión.

Tipo, grado y forma de oración para intimar con Dios de manera adulta.

Ya iniciados en la vida de oración contemplativa y habiéndose quedado en la oración de quietud, solo queda aprender a hacer la conexión íntima con Dios. La oración de Unión es la que inicia ésta nueva forma de relación amorosa, donde Dios invita a unirse a Él, no para crear una sumisión, sino para fusionar su amor con el orante.

La oración de unión es una oración mental del grado de la contemplación, donde Dios invita al alma a mayor profundidad. Por lo que las potencias del alma se adormecen aún más, dado que la operación del espíritu de Dios es en ella mucho más fuerte (P. Pedro José de la Cloriviere, 1778). Al principio, al igual que en el recogimiento, es casi imposible percibir la nueva forma de relación con Dios. La esencia de ésta oración está en que pareciera que se intimida con Él pero al mismo tiempo hay espacios donde se deja de hacerlo, hay tiempos de unión y tiempos de separación (quietud). Casi como sucede cuando se entra a la etapa de adulto joven, la lucha consiste en crear relaciones íntimas y en aislarse.

No es necesario aclarar ya, que la invitación de Dios es a permanecer fieles a la nueva forma de oración, para aprender a relacionarse íntimamente con Él. El tiempo que le lleve al alma profundizar en los bienes que de esta oración de unión puede obtener, será siempre medido por la gracia de Dios y la disposición del orante. Así como en la relaciones de la etapa psicosocial, dependerá de la identidad formada del individuo y el compromiso para relacionarse íntimamente.

Una vez logrados los avances en el camino espiritual por la oración de unión, se estará preparado para que esa fusión de amor, al que Dios invitaba desde un principio, se experimente en el alma haciendo posible un estado de unión más perfecta (H.C.M., 1978) donde "El Verbo divino se une al alma y la abraza de una manera inefable, y el alma, inundada en su esplendor y ardientemente abrasada de amor, se pierde por completo en el seno de la divinidad, en el que llega a ser un mismo espíritu con ella, aunque sin perder su propio ser (P. Pedro José de la Cloriviere, 1778).

Es el llegar a éste grado de relación con Dios (oración de perfecto estado de unión) la que marca la pauta para decir que, la relación espiritual e interpersonal con Dios es una relación madura que ha creado vínculos de intimidad profunda, donde se relaciona el ser concreto y toda la potencialidad de la persona (el alma) con la persona de Dios, para crear un nosotros. La madurez espiritual está formada en el orante, porque es capaz de relacionarse con Dios de una forma adulta. Y aunque sea de forma espiritual, llegar a éste tipo de relación interpersonal con Dios, es fruto de haber trabajado cada etapa tanto espiritual como psicosocial para formar la identidad, desarrollar las potencias y ser capaz entonces, de intimar con Dios a través del amor como afirmación espontánea del otro y del trabajo como el esfuerzo de una expansión del yo.

¿Cómo este desarrollo espiritual ayuda a la superación de la etapa de adulto joven?

El cómo el desarrollo espiritual alcanza la superación de la etapa de la edad adulta, dando la oportunidad de hacer lazos de verdadera intimidad en vez de aislarse, se ha dicho ya al explicar cómo en cada etapa anterior Dios impulsaba a crecer, y cómo a través de su relación amorosa, madura y creadora fue ayudando a superar las etapas del desarrollo de la personalidad, para que después de ese caminar se estuviera listo para empezar amar como Él ya nos amaba: de una forma íntima, espontánea y libre, donde expresa su identidad y su persona, para afirmar la nuestra.

Un amor de Dios que ama, restaura y desarrolla a la persona; formando mi yo soy (mi identidad) en la relación de su YO SOY (la persona de Dios); con el único fin de crear un NOSOTROS.

CONCLUSIÓN

Cierto es que esta explicación y perspectiva del desarrollo humano y espiritual, no agota todo el Misterio que es Dios para el hombre, ya que la infinitud de su Ser unido a las potencias humanas que se expresan de manera distinta en la diversidad de los individuos, no lo permiten. Pero cierto es también, que cada día es más emergente la unión de la ciencia y la fe, de la razón y la espiritualidad. Por lo que cada paso que se tenga que dar, para una explicación más firme y congruente, que permita expandir la conciencia del hombre para abrirse a un encuentro más profundo y transformante, será siempre utilizable para el seguimiento de Dios y el bien de las almas.

Aquí hay una aportación para aquellos seguidores de Dios que busquen siempre más de Él. Más en amor, más en relación, más en profundización, más en intimidad con Dios. Porque logran entender un poco mejor el desarrollo espiritual siempre creciente que se puede tener. Ubicando la existencia de grados de profundización en la oración mental, viendo de manera general los frutos que de ello se tiene y el crecimiento humano que se obtiene de la mejora en la relación con Dios.

Para los directores espirituales y encargados de congregar almas para Dios, tienen aquí una perspectiva de ayuda, donde se incluye una visión psicológica simple pero entendible a la par del desarrollo espiritual, con el fin de conocer aquellos impedimentos, que el creyente en su humanidad puede tener, al acercarse a Dios y profundizar en la espiritualidad, y no solo conocer los impedimentos, sino también para procurar un crecimiento integral en cada persona; todo esto sin minimizar la experiencia de Dios, pero también sin olvidar los procesos humanos naturales por los cuales el mismo Espíritu santifica al hombre.

A los psicólogos o especialistas de la salud mental consiguen tener el conocimiento de un desarrollo espiritual que no reprime el crecimiento humano, sino por el contrario, aporta bases firmes para un buen desarrollo y formación de las potencias del hombre. Además que la espiritualidad es transformadora y dadora de plenitu en cada área, y no centralizada en la religiosidad, sino en la mejora del compartir y recibir amor, creando relaciones y conexiones más maduras con los otros.

Espiritualidad y Psicología se unieron en este recorrido ya hecho, para mostrar un camino de similitud entre las creaciones de relaciones maduras en el crecimiento psicosocial, y la relación espiritual de Dios con el hombre. Con el único objetivo de crecer y madurar espiritualmente, resaltando como la madurez espiritual también aporta madurez humana. Y por consiguiente, el profundizar en esta relación con Dios ayuda a generar crecimiento y madurez en la parte humana, produciendo una restauración y satisfacción de las necesidades pasadas. Para ser quienes somos, desarrollando las propias potencias, que den mayor desarrollo y felicidad a nivel personal llevando a una mejor relación con los otros a nivel familiar, comunitario y social.

"Yo he venido para que tengan vida y la tengan en abundancia"
(Juan 10, 10)

BIBLIOGRAFIA

Loyola, S. I. (2010). *EJERCICIOS ESPIRITUALES.* México: Buena Prensa.

Chodorow, N. (1978). *The Reproduction of Mothering.* Berkeley: University of California Press.

Connolly, W. A. (2011). *La práctica de la dirección espiritual.* España: SAL TERRAE.

Seoane, A. R. (1989). *Tratado de Psicología General.* Madrid: Alhambra.

Willigis Jager, O. (1982). Contemplación, el camino místico olvidado por los cristianos. Segovia.

UNAM. (1999). *Antología de la poesía en lengua española siglos XVI Y XVII.* México: Lecturas universitarias.

Brett, G. S. (1963). *Historia de la psicología.* Buenos Aires : Paidós.

Damasio, A. (2005). *En busca de Spinoza.* Barcelona: Crítica.

Diane E. Papalia, S. W. (2009). *Psicología del desarrollo: de la infancia a la adolescencia.* México: Mc Graw Hill.

Dolto, F. *La causa de los adolescentes.* Seix Barral.

Española, R. A. (2003). *Diccionario De La Lengua Española*. Espasa Calpe.

Erikson, E. (1982). *The Life Cycle Completed*. New York: W.W. Norton.

Erikson, E. H. (1950). *The life cycle completed*. New York: Norton.

Erikson, E. (1959). *Identity and The Life Cycle*. Psychological Issues.

Erikson, E. (1968). *Identity: Youth and crisis*. New York: Norton.

Fromm, E. (1982). *El arte de amar*. Barcelona: Paidós.

Fromm, E. (2002). *El miedo a la libertad*. México: PAIDÓS.

Rivera Michel, M. D. (1978). Estatutos de la asociación privada de fieles "Venerable Padre Pedro José De Cloriviere S.J." Guadalajara, Jalisco, México: H.C.M.

Gomezjara, F. A. (2010). *Sociología*. México: PORRÚA.

IRABURU, J. R. (2012). *Síntesis de espiritualidad católica*. ediciones informaticas: Morgan.

Kagan, J. (1984). *The Nature of the Child*. New York: Basic Books.

Ma Isabel Rodríguez. (2011). *Integrando la Espiritualidad en la Psicología*. España: Monte Carmelo.

Matthew Linn, S. S. (1990). *Sanando las Ocho Etapas de la Vida*. México: Libreria Parroquial de claveria.

Maisto, C. G. (2001). *Psicología*. México: Prentice Hall.

Mexicano, C. d. (2006). *CATECISMO DE LA IGLESIA CATÓLICA compendio*. México: LIBRERIA EDITRICE VATICANA.

P. Pedro José de la Cloriviere, S. (1778). *La Oración*. París: Buena prensa.

Papalia, D. E. (2003). *Psicología*. México: Mc Graw Hill.

OCD, F. M. (2007). *Esperiencia y pensamiento de Dios en Santa Teresa de Jesús y San Juan de la Cruz*. México: Santa Teresa.

Cruz, S.J. (1997). Subida del monte Carmelo. Madrid: SAN PABLO.

Consultoría Psicológica y Experiencia de Dios

Consultoría y Asesoría psicológica

EDY ENRIQUE CRUZ MORENO

Psicólogo social

E-mail: psicologo_edy@hotmail.com

Facebook: Psicólogo Edy Cruz.

Tel: (01 965) 65 2 25 62

Experiencias de Dios en Silencio y en Oración

Asociación de fieles laicos Padre Pedro José de la Cloriviere

Imparten las etapas de Oración Personal de la Madre Dolores Rivera Michell

Tel: (01 33) 38 33 28 79

(01 33) 36 13 05 43

(01 33) 36 34 16 81